闇塗怪談

営業のK

竹書房文庫

目次

※本書に登場する人物名は、様々な事情を考慮してすべて仮名にしてあります。また、作中に登場する体験者の記憶と体験当時の世相を鑑み、極力当時の様相を再現するよう心がけています。現代においては若干耳慣れない言葉・表記が登場する場合がありますが、これらは差別・侮蔑を意図する考えに基づくものではありません。

看護師の怖い話

俺の母親は以前、看護師（当時は看護婦）をしていた。
これはその母から、昔、聞いた話である。

病院怪談の定番と言えば、何といっても「誰もいない病室から響くナースコール」だろう。もうその部屋の患者は亡くなっていて空き部屋なのに、届くはずのないナースコールが深夜のナースステーションに鳴り響く……。あまりにもよく聞く話なので逆に本当だろうかと思ってしまうが、母も何度も同じ体験をしたという。

怖い本なんかでは、いぶかる新米にベテラン看護師が「気にしないでいいの。あれは放っておいてくのが一番だから」なんてしたり顔で言うパターンが多い気がするが、実際はそんなことをしたら大変なことになるらしい。

母親曰く、ナースコールを押した本人はまだ、生きているつもりなのだという。
その上で、何か助けてほしくて呼んでいるらしい。
だから、それを無視していると、当然相手の——霊の怒りをかってしまう。
そうすると霊も暴れだしてしまい、他の患者さんの迷惑になるだけではなく、実害をもって、その存在を主張しだす。

だから、そういう時はきちんとその病室に行き、声を掛けてあげるそうである。

「どうしましたかー？」

「大丈夫ですよ」

むろん、それ以上の何かができるわけではない。だが、不思議とそれでひとまずは収まるそうである。

また、無人のエレベーターの扉が開いたり、使っていない部屋から話し声が聞こえたりなどは当たり前、死んだはずの患者さんと廊下ですれ違うことすら日常茶飯事だというから驚きだ。

あと怖いのは、患者さんのご遺体の死化粧を施す時。今は、看護師の仕事ではないのかもしれないが、昔は葬儀社に運ばれる前に看護婦がそれをやっていたらしい。

霊安室でお顔を綺麗にしていると、部屋の戸がガタガタ揺れたり、死者が目を開けて睨んだり、時には声を出したりすることがあるそうだ。

そうした現象は、死後硬直だとか、肺にたまった空気が声をださせているのだとかいった科学的な説明もできるのかもしれないが、母は絶対にそういうものではないと言い切る。

「実際にその場にいたらね、そんなものじゃないって肌で分かるから」

そういう母は何が起きても、目もくれず淡々と作業をこなしていたというから恐れ入る。

「だって、死んだ人も綺麗にしてもらって喜んでるだけだから、少しも怖くないよ」

そう言って笑っていた。

また、子供の頃、ナースセンターに泊まり込んでいる母親の所へ、夜に兄と遊びに行ったことがある。

今思えば、大らかな時代だったのだろう。宿直の看護婦さんは五人ほどいて、楽しくお話をしてくれたのであるが、その時に、何度もナースセンターの窓口に訪れてくる女性がいた。

看護婦さん全員が、素っ気無く対応していたのが、子供心にも不思議だった。

「ねえ、なんでもっと親切にしてあげないの？」

疑問を素直に口に出すと、近くで作業していた母が眉を下げて教えてくれた。

「あの人はもう死んじゃった人だから、あまり親切に対応すると逆効果なの。だから、そっとしとけばいいのよ！」

確かに小さい声だがちゃんと喋る声も聞こえたし、姿もはっきりと見えた。

(あれが、幽霊だったのか……)

そう思うと、今になって少しぞっとする。

くだんというもの

「件」と書いて、〈くだん〉と呼ぶらしい。

にんべんに牛と書く字の如く、半人半牛の生き物で、一般には頭が人間で、体が牛と言われているが、第二次世界大戦頃より、頭が牛で、体が人間だという説も現れた。

なんでも、世の中で大きな災いが起こるのを予言し、忠告する為だけに生まれ、それを告げると死んでしまう生き物らしい。小松左京の『くだんのはは』という怪奇小説に出てくるので有名だが、この短編は今でもかなり怖い。

しかし、色々と調べてみると、くだんは、かなり以前の歴史にも登場しているようだ。古くは江戸時代より、明治、昭和と、それぞれの大災の際に〈くだん〉が現れ、予言を告げて死んでいったという記録が残されている。真偽のほどは定かではないが、東日本大震災の前にも、目撃談が寄せられたそうである。

そんな〈くだん〉であるが、実は自分も小学校高学年の頃に、怖い思いをした記憶がある。ある部分の記憶は曖昧なのだが、今なお覚えていることをここに書いてみようと思う。

当時住んでいた家の近所に、いつも〈くだん〉の話をしてくれるおじさんがいた。

おじさんの話はやたらと生々しく、子供心にも得体の知れぬ怖さを感じていた。一緒に話を聞いた友達の中には、思い出すと怖くて眠れない、登校できないという者まで現れた。

そうなると、当然、その子供たちの親が騒ぎ出す。

「いい加減なことを言うな！」

「作り話で子供を怯えさせるな！」

よってたかってそのおじさんに抗議し、近所では大問題になった。

しかしおじさんは、〈くだん〉は本当にいると言って譲らず、

「別に怖がらせようとかしているのではなくて、本当のことを子供たちに知ってほしい、それだけなんです」

と、弁明するばかりだった。

無論、そんな言い分を親が受け入れるはずもない。結局、地域にいづらくなったおじさんは、その後どこかへいなくなってしまった。

が――、いなくなる前に、俺たち子供らにだけ「置き土産」を残していった。

それこそ、一生、忘れられぬほどの……。

ある日の放課後、おじさんに声を掛けられ集められた俺たちは、どこか大きな学校らしき場所に連れて行かれた。

そして、その敷地の一番奥にある、周りとは不釣合いなほど古く汚れたコンクリートの建物の前まで来ると、おじさんが言った。

「さあ、ここにいるのが、〈くだん〉だよ。普通、見せることは無いんだけど、君たちはおじさんの話を、誰よりも信じてくれた。そして、これからこの国を支えていかなくちゃいけない。だから……一度だけ見せてあげるよ」

おじさんは少し寂し気な笑みを浮かべ、俺たちひとりひとりの目を順に見つめていった。

「しっかり見て、これからもこの話を伝えていってくれ。本当なんだと。くだんは存在するんだと。それは、とても大切なことだから、絶対に忘れないでほしい。いいね？」

おじさんはそう言って、その建物の中でもさらに一番奥にある部屋に俺たちを入れてくれた。

その部屋は、まるで牢屋の檻のようで、ジャラジャラと鎖が擦れるような音が薄暗い明かりの中に響いていた。

そこから、なぜか記憶が飛んでしまっているが、そこで目にしたものの姿や顔は、今も鮮明に覚えている。

正確に言えば、そこからどうやって帰ったのか、そこの記憶が欠落しているのである。

きっと、あの時一緒に見た十人ほどの子供たちも、今なお鮮明に覚えていることと思う。

あの……〈くだん〉の姿を。

それは、牢に入れられ、鎖で繋がれた、頭が牛で体が自分たちより少し大きいくらいの女の子だった。なぜ少女だと分かったかというと服装が女の子の物だったからである。

そして、その女の子が着るような可愛い服と、その上に乗っている牛の顔がとてもアンバランスで不気味だった。

さらに体中に巻かれた包帯と、そこに滲んだ血の赤が鮮烈で、何よりも異様だった……。

それから何回も、その時のことが夢に出てきて魘《うな》された。

どの子も同じ症状を訴え、学校でも大きく問題にされたことを覚えている。

だから、今でも——。

人間の体に顔が動物という物が苦手である。

学校の放送室に出る霊の話

小学生の頃、放送部に入っていた。

毎日、朝と夕方、そしてお昼の時間に、学校からの連絡事項をアナウンスしたり、学校指定の教育番組を、各クラスのテレビに流すのが主な役割だった。

なぜ入部したのかと言えば、〝放送〟という言葉の響きが格好良く思えたのと、給食を教室ではなく、放送室でゆったりと食べられるからという、実に他愛の無い理由であった。

が、いざ入部してみると、意外と本格的な機材が揃っており、ガラスで仕切られたアナウンス・ルームも完備され、それらを扱えるというのはなかなか面白かった。

ただ、どこの学校にもあるような七不思議が俺の学校にもあり、その中にこの放送室が含まれていた。

それは、〈年に一度、決まった日に、女の幽霊がアナウンス・ルームに現れる〉というもの。ただ、〈決まった日〉というのが、何月何日なのかは誰も知らず、当然それを見た者もいなかった。要は、色々な噂が飛び交っているだけ、という状態である。

だから俺を含め、本当に女の幽霊が出ると信じている者は一人もいなかった。

そう、あの日までは……。

その日が何月何日であったかまでは覚えていない。だが、冬になる前の金曜日だった。

その日は放送部の顧問の先生が出張で不在であり、生徒だけで切り盛りしなければならなかった。とはいえ、そういうことは頻繁にあったから、別段構えることもなく、皆いつも通りのんびりとこなしていた。

朝の放送、お昼の放送とつつがなく終わる。

そして、その日の最後。下校の放送の時だった。

「あれ？　おかしいなぁ」

何やら機材の調子がおかしい。

〈用事の無い人は早く下校しましょう〉いうアナウンスを流すだけなのであるが、やたらブチブチと途切れたり、音量が大きくなったり小さくなったりと定まらない。

それでも、古い機材だから仕方がないだろうと、そのまま続けていたのだが、すぐにクレームが入った。

アナウンス・ルームで原稿を読んでいる女子の声に混ざって、泣き声のような声が聞こえてくる、というのだ。

だが、その時は〈放送室の七不思議〉のことなどすっかり忘れており、泣き声のように聞こえるのはあくまで機械の不調だろうと思って、そのまま放送を続けた。

だが、泣き声のような声はどんどん大きくなっていき、とうとう原稿を呼んでいる女の子の声が聞き取れないくらいになってしまった。

今もはっきりと覚えているが、大人の女性の低い泣き声であり、よく聞くと、嗚咽まじりに何かをブツブツと呟いている。

それが何かの子守唄だと分かるのに、時間はかからなかった。

「なぁ、これちょっと……」

さすがに気持ち悪くなり、放送を中止しようということになった。

まだアナウンス・ルームで放送中の女子部員にガラス越しに合図を送ろうとした俺は、次の瞬間息を止めた。俺だけではない。その時、放送室にいた五、六人の児童全員の目が、アナウンス室の中の一点に釘付けになっていた。

ガラス張りの小部屋の隅。

右奥の暗がりに、うずくまるような格好で女がひとり、モゾモゾと動いていた。

季節外れの赤いワンピース。艶のないボサボサとした髪が長く垂れ下がり、顔はよく見えない。

それが今、ゆっくりと立ち上がるような動きをしはじめた。

それを目の当たりにしてしまった俺たちは、全員ぴくりとも動けず、声ひとつ出せずに固まっていた。

どれくらいそうしていたか。実際はほんの数秒だったのだろうが、その時は永遠にも思える時間だった。突然、仲間の一人が、ガラスの向こうにいる女子を助けようと、アナウンス・ルームの重たい扉に向かって走り出す。

その動きに、全員が我に返った。

泣き出す者、ガラスの向こうにいる女子に、手ぶりで危険を知らせる者、一瞬にして放送室はカオスになった。

ただ、アナウンス・ルームにいる女子も、何度か後ろを振り返っていたのだが、彼女の目には何も見えていないようだった。きょとんとした顔で、こちらを見つめていたのを覚えている。

すると、ドアを開けようとしていた男子が叫んだ。

「開かない！　ドアが開かないぞ！」

その声に、俺を含めた男子三人が一斉にそのドアを開けるのを手伝う。

だが、いくら引っ張ってもビクともしない。いくら重たい防音ドアとはいえ、いつもは女子ひとりでも普通に開けることができていた。開かないなんて、あろうはずがなかった。

また誰かが叫ぶ。

「早く先生を呼んできて！　誰でもいいから！」

その声に、泣いていた女子たちも、弾かれたように走り出した。

俺たち男子は、その間もドアを開けようと必死で頑張ったのだが、まるで、石膏で固められたかのように、ドアは動かなかった。まるで、ドア自ら開くのを拒絶しているかのように。

その時、ドアの内側から大声で叫んでいる声が聞こえた。

間違いない。アナウンス・ルームの中にいる女子の声だ。

彼女は、こう叫んでいた。

「うしろ！　うしろ！　早く逃げて！」

えっ？　と思いながら、反射的に後ろを振り向いた俺たちは目を剥いた。

俺たちの真後ろ、三歩も離れていない場所に、ソレがいた。

血のように赤いワンピース。乱れた黒髪。

今の今までガラスの内側にいたはずの女が、両手をぴったりと体につけた状態で、直立していたのだ。

ドアノブを掴んでいた手から一気に力が抜ける。

目を瞑ることさえできない俺たちの目の前で、女の首がゆっくりと横に傾いだ。

と、顔面を覆っていた髪が割れ、そのあわいから、ニターっと笑う唇が覗く。目には黒い部分がなく、腐ったゆで卵のような白目がぐりんと動いて、俺たちを見た。

もう、その瞬間、腰を抜かしそうになったのだが、一人の男子がその女がいるほうとは逆のドアに向かって走り出したのを見て、転がるように全員がそれに続いた。

ケラケラと笑う女の声を背に、出口となるドアに飛びつく。先程のアナウンス・ルームの扉のように開かなかったらどうする……？　恐怖に溺れそうになりながら、取っ手に指を引っかけ力をこめると、がらりと普通に開いた。

「うわあああぁぁぁ――ッ」

もう何が何だか分からぬ声をあげながら、無我夢中で部屋の外へと飛び出す。

そうして無事、全員が逃げることができた。

……そう、アナウンス・ルームに一人残された女子以外は。


無論、誰もがその子を助けたいとは思っていた。

だが、あの女の姿を目の当たりにし、笑い声まで聞いてしまった今、小学生の俺たちに再びあの部屋に飛び込んでいく勇気は残っていなかった。

幸い、自分たちが部屋を出てきてから三十秒もたたないうちに、二、三人の先生がバタバタと駆けつけてきた。

そして、俺たちは危ないからという理由で、全員がその場から離れさせられた。

だから、その後、一体どうなったのか。

あの女子は、無事だったのか。

それすらも俺たちには知らされないままであった。

ただ、それから先生たちが集まってきて、大騒ぎになったこと。

それ以来、その女子部員の姿を一度も見ていないこと。

それだけは紛れもない事実だ。

そして、その日を最後に放送室は開かずの間となり、放送部も解散となってしまった。

真実は分からない。だが、俺はこう思っている。

七不思議の〈アナウンス・ルームに出る女の霊〉は本当だった。そして、あの日こそが、〈年に一度の決まった日〉だったに違いないと。取り残された女の子は、あの女にこの世じゃない場所へ連れてかれてしまったのではないか。そして、先生たちも俺たちと同じように、あの女の幽霊を目撃したのではないか……と。

実際、先生には何度もこの時のことを問いただしたが、何を聞いてもはぐらかされるばかりだった。そして、その度に、二度と思い出したくないという感じの厭な顔をされた。

消えた女子に関しては、後日、両親の都合で転校したという説明がされた。

今、思い出しても恐ろしい思い出である。

その小学校は、現在も俺の自宅の近所に当時のままの姿で建っており、きっとその放送室も開かずのままで存在している。

笑い女

日本に古くから伝わる妖怪に〈笑い女〉というものがある。

土佐では、山でこれに遭遇すると半死半生になってしまうと言われ、その名の通り、若い女の姿で現れ、突然笑い出すのだが、これにつられて笑ってしまうと、笑いが止まらなくなり、何日も熱病におかされてしまう。一緒に笑うと食われてしまうなどという説もある。

江戸の町では倩兮女《けらけらおんな》とも言って、やはり巨大な笑う女の妖怪とされている。のんびり縁側で寛いでいると、塀の外、どこからともなく女性の笑い声が聞こえてきて、おや？　と思う。その笑い声につられてクスリとでも笑おうものなら、もう自分では笑うのを止められなくなり、その間に塀の向こうにいた女がどんどん巨大化していき、最後には家ごと踏みつぶされて殺される、というものだ。

妖怪というものは、その時代時代の世相を反映して、人々を戒めるために考え出されたという説もあるようだが、本当に全て架空の産物なのだろうか？

今回の話は、俺の祖父に関する話だが、今書いた〈笑い女〉という妖怪と少なからず縁がありそうなので、書いてみようと思う。

＊

「なあ。あの話、覚えているか？」

先日、久方ぶりに従兄弟と酒を酌み交わしていた時のこと。ふと真顔になった従兄弟からそう聞かれ、ぶわりと昔の記憶が蘇った。

それは遠い夏の日、俺たち二人と祖父が体験した戦慄の出来事であった。

二人の父方の祖父は、昔は旧日本軍の軍人であり、いつも穏やかで優しい人物だった。

ただ、ある夏の出来事を境にして、全く笑わなくなってしまった。

あれは確か、小学校五年生の時。夏休みに父の実家、すなわち祖父の家へ遊びに行った時のことだった。

父の実家は、今は白山市になっているT町という所にあった。

自然が豊かで、クワガタ採りに魚釣りと、夏休みの退屈しのぎには事欠かなかったため、全国から親戚とその子供らが集まってきていた。

俺も、歳の近い従兄弟が来る時期に合わせて帰省するのが、とても楽しみだった。

その年も、遠県から同い年の従兄弟が帰省してくると聞いて、急いで、父の実家へ向かったのを覚えている。

ただ、今思えば、その年は、何かがおかしかった。

実家の裏を流れる川で釣りをしていると、突然後ろから川に突き落とされた。

運よく、兄に助けられ、ことなきを得たのだが、その時、川の流れに飲まれゆく俺の目に妙なものが映った。

女……。つい今しがた自分が座っていた川縁に、着物を着た女が立って、大口を開けて笑っているのだ。

その後、両親に説教され、何故川に落ちたのかと問い詰められたが、何故かその女のことは怖くて口にできなかった。

一方、従兄弟にも同時期、危ういことがあった。神社の石段から転げ落ち、軽い怪我をしたのだ。俺と同じように背後から突き飛ばされたらしい。

その夜、彼が自分だけに話してくれたのだが、やはり落ちていく際に高笑いする女の姿を目撃したという。

普通なら、怖くなって、もう家に帰りたいと言い出しそうなものだが、そこは退屈さに辟易している小学生男子。

「なぁ、二人であの女を見つけて、退治しようぜ！」

寝床でこっそりと無謀な計画を立てた。

しかし、そんな幼い計画を一人だけ見抜いていた者がいた。

祖父である。

翌日、いきなり部屋に呼ばれた。

「お前たち、ひょっとして川や階段から落ちた時、後ろから突き落とされたんじゃないだろうな？」

はっとして口篭る俺たちに、祖父は続ける。

「ワシがまだ子供だった頃のことだ。ある年の夏に、お前たちと同じように何人もの子供が川や階段で突き落とされたことがあった。〈あるもの〉にな。そして、その子供らは皆、神隠しのようにその後行方不明になってしまった。もしかして、お前たちも……着物を着た女に突き落とされたんじゃあるまいな？」

正直に言いなさいという祖父に、気付けばボロボロと涙を溢していた。初めて見る祖父の厳しい顔に、事態の深刻さが恐怖とともに胸に迫ってくる。

「お、おじいちゃん……っ」

俺たちは泣きながら、自分たちの見たものを祖父に打ち明けた。

祖父は終始険しい表情で話を聞いていたが、最後はめそめそする孫たちを元気付けるように豪快に笑ってくれた。

「大丈夫、大丈夫だ。何も心配せんでええ！　ワシに任せとけ！」

そう言うと、そのまま一人でどこかに出掛けて行った。


祖父が戻ってきたのは、もう外も暗くなるという頃だった。

再び祖父の部屋に呼ばれた俺たちは、あるものを渡された。

子供の手にもすっぽりと収まるくらいの白い紙包み。

中には、何か木片のような物が入っているようだ。

そして、紙袋の背面には神社の名前、そして表面には、〈魔除け〉と書いてある。

「おふだ？」

「うむ。これはな、ここらで由緒ある神社の護符だ。肌身離さず持っていなさい。そしてな、辛いかもしれんが、明日、ワシと一緒に山の上の神社に行ってもらう。これは、お前たちを守るためには、避けて通れない大切なことだから、我慢してくれ。ワシも一緒だし、何よりその護符がお前たちを守ってくれるから心配ない。だから、今日はもう寝なさい」

「う、うん……」

「ただし、夜中に扉や障子の向こうから、開けてくれ、と言われても、絶対に開けてはいかんぞ。アレは、お前たちの親やワシの声を真似てくるかもしれんが、騙されちゃいかん。何があっても、こっちからは開けるな。あいつらは決して自分では開けられない。だから、お前たちが騙されて開けなければ、心配いらない。いいな？」

祖父はそれだけ言うと、さっさと床に潜り込み寝てしまった。

正直、怖くて怖くて仕方がなかったが、子供心にも親や兄弟は巻き添えにできないと感じていた。だからその夜は、従兄弟と二人だけで二階の新しい洋間で寝ることにした。

そして——ソレは、やってきた。


疲れが出たのか、いつしか深い眠りに落ちていた。

そして、夜中の二時を回った頃。二人、ほぼ同時に目を覚ました。

……何かが、ドアをノックしている。

そして、聞こえてくる母の声。

『お父さんが、もう帰るって言ってるから、さっさと支度しなさい。とりあえず、このドアを開けてちょうだい』

無言でいると、今度は祖父の声がした。

『お前たち、もう大丈夫だから、部屋から出てきなさい』

「おじいちゃん……！」

祖父の声に、思わず体が反応しそうになり、従兄弟に止められる。

「おじいちゃんの声に似てるけど、なんか違う。それに、夜中にこんな大声出してるのに、誰も起きてこない。おかしいよ！」

確かにそうだった。

祖父は、向こうからはドアを開けられないと言っていたので、大声で応えてみる。

「そんなに言うなら、おじいちゃんから、入ってくれば！」

何故、そんなに強気になれたのか謎だが、とにかく大声で叫んだ。

返事はなし。

ドアの向こうが一旦、静かになった。

もういなくなったのか？

顔を見合わせていると、急にドアがドーンと音を立てて揺れた。

「ひぃ……ッ。入って来れないんじゃないのか!?」

その後はもう従兄弟と二人、頭から布団を引っ被り、震えながらお経もどきを唱えているうちに寝てしまった。

次に気が付いたのは翌朝。「もう起きなさい！」と、豪快にドアを開けて入ってくる叔母さんの声で目が覚めた。

朝食の後、早速、昨夜の出来事を祖父に報告した。

「……やはり目をつけられたか。のんびりしてられないな」

祖父は一声唸り、直ちに山へ行く準備を開始した。

今夜は山の神社に泊まること、そして、他の大人たちは一緒に行けないことをそれぞれの両親に話す。そうして、心配そうに見送る両親たちを後に、お昼前には家を出た。

山を登り始めると、祖父が色々と話してくれた。

「今から行く山は、昔から神が住むと言われている場所だ。神と妖怪は紙一重、悪いモノもおるが、お前たちを助けてくれる良いモノも大勢いる。だから、山に対する感謝の気持ちを忘れてはならん。どうか助けてください、と心からお願いしながら山道を登らにゃならんぞ」

「うん……」

「なに、お前たちに渡した護符があれば、なにも心配することはない。無心に登れ」

そんな話を聞かされながら、神妙な気持ちで一歩一歩山道を進んだ。


山頂に着いたのは、ちょうど夕方だった。

頂には、お世辞にも立派とは言えない、小さな神社があった。

今夜は朝になるまでこの社の中で過ごす。

それぞれの両親が作ってくれたお弁当を食べながら、祖父が注意事項を説明した。

「いいか、護符は肌身離さず持っているんだぞ。それから、朝が来るまで絶対に笑っちゃいかん。笑うとアレがやってくる。あとは昨日も言ったが、絶対にこちらから扉を開けてはいけない。何があっても、だ。自ら戸を開けさえしなければ、アレにこちらの姿は見えないから」

そして、最後にもう一つ。

明日の朝、山を下りる道中は絶対に後ろを振り返ってはいけない。

「それだけ……？」

「ああ。この四つの約束を守れば、大丈夫だ」

じっと見つめる祖父。俺たちは手の中の護符をしっかりと握り締め、頷き返した。

怖いことは怖い。だが、祖父が一緒にいてくれることが何よりも心強かった。

色んな話をしているうちに、お腹がいっぱいなのもあってか、いつしか眠りに落ちていた。

どれくらい眠っただろうか。

突然、戸を叩く音で目が覚めた。

外からは、白っぽい朝の光が差し込んでいる。

『お～い。心配で、迎えに来た。もう朝だから大丈夫！　早く出ておいで！』

従兄弟の両親の声だ。

自分の父親と母親の声もする。

――が、声は限りなく近かったが、話し方が微妙に違うような気がした。祖父のほうを見ると、しきりに時計を見ながら首を横に振っている。

「もう大丈夫なんじゃない？　外に出ようよ！　朝まででしょ？」

従兄弟が焦れたように腰を浮かした。

「いや。まだ、日の出まで時間があるはずだ」

祖父は扉のほうを睨むと、突然、声を荒げた。

「騙されんぞ！　早く立ち去れ！　この子らは絶対に渡さん！」

すると、戸の外の声も語気を荒げてきた。

「それじゃ、もうお父さんもお母さんも、家に帰るから。お前はそのまま、じいちゃんの家の子にしてもらいなさい！」

突き放すような物言い。その瞬間、従兄弟の不安と焦りが我慢の限界を越えてしまった。

「やだ、待ってよお父さん、お母さん！」

従兄弟は突然立ち上がると、勢い良く、扉に駆け寄った。

「こ、こら、駄目だ！」

焦って上擦る祖父の声。だがそれよりも早く、従兄弟は扉を開け放ち、外に飛び出していた。

ぽっかりと開いた入口は黒く、深く。

外は、まだ夜であった。

騙された！　と思った刹那、従兄弟の悲鳴にも似た泣き声と、それをかき消すように轟く、大きな女の笑い声が辺り一面に響き渡った。

間違いない、自分を川へ突き落としたあの女だ。

何故か分からないが、その女は尋常ではない大きさだった。

「良雄！」

慌てて、外へ飛び出していく祖父。

そして、腰を抜かしている従兄弟の腕を掴むと、投げ飛ばす勢いで社の中へ放り込んだ。

「おじいちゃんッ！」

「ワシが外から扉を押さえる！　お前たちは、護符をしっかり握り締めてなさい！」

そう叫ぶと、祖父は戸を閉め、ひとり社の外へ残った。

自分たちはもう泣くことしかできず、ただ護符を握り締めて蹲っていた。

その間も、ずっと女の笑い声が、すぐ近くから聞こえていた。

そのまま眠るというより徐々に意識が遠のいていき、それから先は記憶がない。

朝になって、神主さんの様な服を着た男の人に揺り起こされた。

「さあ、帰ろう。もう大丈夫。お前たちが山を下りるまでワシがちゃんと付き添うからな」

そう言われて社の中を見回すも、祖父の姿はそこに無かった。

おじいちゃんは？　と聞くと、その男の人は目を細めて頷いた。

「おじいさんは、きっともう山を下りている頃だろう。大丈夫、何も心配いらないよ」

さあ、早く。と、男の人は微笑う。優しい声音にはどこか有無を言わさぬ力があり、俺たちは促されるまま急いで山を下りることにした。

男の人は、自分たちの前を歩きながらも、体は二人のほうへ向け、ずっと楽しい話をし続けてくれた。

そして、どちらかが後ろを振り返りそうになると、厳しく窘《たしな》めた。

だが、不思議とその男の人といると、怖いという気持ちがどんどん消えていくのだった。

そのまま休まず歩き続け、かなり麓のほうまで下りてきた時、男の人が立ち止まった。

「さあ、これで完全に大丈夫。怖いことはもう忘れなさい」

男の人はそう言って、今来た山道をひとり引き返していった。

無事に下山できた嬉しさと、祖父のことが心配で、そこからはもう走って家に向かった。

家に着くと、家の前でそれぞれの家族が心配そうに待っていてくれた。

「お父さん、お母さん！　おじいちゃんは⁉」

二人は真っ先に祖父のことを聞いた。すると、やはりあの男の人が言っていた通り、少し前に一人で帰ってきて、「もう終わった！」とだけ言うと、自分の部屋に籠もってしまったという。

少しほっとして、お礼とお詫びを言うために二人で祖父の部屋に向かった。

「……おじいちゃん？」

部屋に入ると、祖父は疲れきったようにぐっすりと眠っていた。

しばらく声も掛けず、じっと寝顔を見つめていた。

やがて祖父が気付いて、声を掛けてきた。

「……もう心配することはないからな。終わったんだ」

「うん……」

精魂尽きた様子の祖父に、熱いものが込み上げる。ひたすら「ありがとう」と「ごめんなさい」を連呼していると、祖父がこう続けた。

「お前たちに悪さしたのも山の神だし、お前たちを助けてくれたのも山の神だ。山や自然を嫌いになってはいけない。それから……あの時、扉を閉めてから、何があったのか、聞きたいだろうが、頼むからそれは聞かないでくれ。約束だ。いいな？」

祖父は何度も念を押し、俺たちは約束を守る誓いを立てて、その夏の帰省を終えた。

それからだった、祖父が全く笑わなくなったのは。

けして無感情になったわけではない。ただ笑うことを恐れているかのように見えた……。


そして、月日が流れ、病に倒れた祖父が亡くなる前のこと。

病院に見舞いに行った俺は、ついにあの日の約束を破ってしまった。

あの夏以来、祖父は笑いを封じてしまい、きっと辛い人生だったはずである。

大人になった今、それに対して何かできることは無いかという思いがずっと胸につかえていた。

「じいちゃん。あの時、何があったのか、教えてくれないかな？」

唐突な問い掛けに、祖父は最初、驚いた顔をしたが、やがて静かに話し始めた。

――昔から、あの地方には〈笑い女〉という、妖怪とも神とも言われるものがおってな、狙った者に印を付ける。お前たちが突き落とされたのもそれだ。

あの晩、ワシは扉の外で、アレが笑いながら、どんどん大きくなるのを見た。

そして、恐ろしいことに、その笑い声を聞いているうちに、自分まで笑いたくなってしまったのだ。

こちらを笑わせようとしているのが手に取るように分かったので、死ぬ気で笑うのを我慢した。

きっと、一人ならつられて笑っていたか、気が狂っていたと思う。だが、ワシがしっかりしなければ、お前たちが……と思えたから、何とか乗り切れた。

だから、お前たちは何も悪いことはしていないし、謝る必要もないんだぞ。

良雄にも、そう伝えてくれ……。

最後に祖父が言った言葉が忘れられない。

「お前たちはもう、あの女を見ることはないんだな？　それなら、良かった。ワシには、いまだにアレが頻繁に見えるんだ、あの笑い声も……」

だから、笑うのを封じた。

笑うと、アレが寄ってきてしまうから。

「何はともあれ、お前たちが平穏無事で本当に良かった！」

祖父は満足そうにそう言うと、目を閉じた。

〈笑い女〉の棲まう山。それは確かに、今も実在する。

船幽霊の話

子供の頃は、夏になると、能登にある母の実家で過ごすのも恒例だった。

叔父が漁師をしており、漁の無い日には親戚の子供らを船に乗せ、よく海釣りに連れて行ってくれたものだ。

港から釣るのとは違い、沖釣りは簡単なえさで、誰でも大きな魚を釣れるのがとても楽しかった。

ある日、いつものように船を出してもらい、釣りをしていると、一隻の漁船が目に留まった。いつの間にやって来たのか、ふと気付いたらいたという感じだった。

その日の釣りは母も同行していたのだが、何やらしきりと叔父と目配せし、小声で話していた。

「ねえ、あの船……」

「ああ……多分、間違いねえな」

突然現れた船までの距離はおよそ百メートル。

じっとそちらを見つめる叔父が、いつもと違う険しい表情をしていたのが、印象的だった。

叔父は、小さな声で子供たちに言った。

「釣りは中止にすっぞ。そんで、ちょっとの間、体を低うして隠れとってくれ。それとな。絶対にあの船を見ちゃならんぞ！」

そうして自分自身も身を隠すために、船の操縦室へと入って行ってしまった。

が、そう言われると、尚更見たくなるのが子供の好奇心というものである。

母親のほうを見ると、両手を合わせて一心に拝んでいる。

何か尋常ならざる事態が起こっているのだけは分かる。

しかし、実際のところ、子供らには怖さよりワクワク感のほうが強かった。

俺たちは言われたとおりに体勢を低くしながらも、向こうの船の動きを目で追っていた。

まるでそう、かくれんぼでも楽しむかのように。

そうこうするうちに、船は少しずつ距離を狭め、俺たちが乗っている船の周りをぐるぐると回り出した。

これだけ動いているのに、なぜかエンジンの音が一切しない。

聞こえるのは波の音だけ……。

やがて船は回る円の大きさを緩やかに狭め、徐々にこの船に近づいて来た。じりじりと獲物を追い詰める、肉食獣のような動きだ。

と、その時。従姉妹の女の子が身を乗り出すようにしてその船を凝視し、叔父に向かって言った。

「ねえ、あの船、誰も乗ってなかったよ。きっと難破船か何かじゃ……」

「馬鹿もんが！　見つかったらどうするんや！」

刹那、遮るように叔父が押し殺した声で怒鳴りつける。

そのまま船のほうに目を向けた叔父は、ぐっと息をのむように目を見開いた。怯えたような表情に、つられるようにして俺たちも船を見る。

（あ……ッ）

船が……円を描いて回っていた船が向きを変え、円の中心――つまりこちらに向かって、まっすぐに近づき始めていた。

意思をもっているとしか思えない動き方に、初めて俺もぞっとした。

叔父は覚悟を決めたように一度目を瞑ると、語り始めた。

「昔からこの辺りにゃ船幽霊ちゅうもんが出よるんじゃ。昔から何人もの漁師が行方不明になっちょってな、そして何日か後に、皆、無残な姿で発見されとるんじゃ」

叔父の話によると、それはまず、気が付かないうちに突然、船の近くに現れる。

そして、誰かが乗っていると分かると、周りをぐるぐると回り、ゆっくりゆっくり近づいて来るのだという。

だから叔父は最初、船のエンジンを掛けずに、じっと身を隠して誰も乗っていないふりをさせたらしい。

だが――

「どうやらもう、こっちの船に人が乗っとるのはバレてしもうとる……」

そう云うと、叔父さんは一度口をつぐみ、絞り出すようにまた言った。

「こうなってしまった以上、普通ならもう絶対に助からん。そやけど、叔父さんたち大人が犠牲になってでもお前たちだけは何とか助たいんや。だからな、これからしばらくの間、怖いかもしれんがちゃんと言うことを聞くんや。絶対やぞ！」

「お、おじさん……」

叔父も母も、怖いほど真剣な顔をしており、一気に恐怖が全身を包み込んだ。

縋るように叔父を見つめる瞳から、我知らず涙がこぼれ落ちる。

「ええか、これから港まで何とか逃げるし、しっかりつかまっとれや。そんで、絶対にあの船に、姿を見られんなや。もし、見られてしもうたら……」

そこからは良く聞き取れなかったが、おじさんの鬼気迫る様子にそれ以上口を挟めなかった。

港から、ここまで来るのに、二十分ほど掛かったはず。だから、このまま船底に這いつくばる苦しい体勢で二十分我慢しなければならない。

だが、それより何より、見つかったら、追いつかれたら……と思うと、気が狂わんばかりに怖かった。

母もきつく目を瞑り、さらに強く祈っている。

どうか、どうか子供たちだけでも助けてください……と。

叔父は港を目指し、全速力で船を走らせた。かなりのスピードで進んでおり、低い波でも、横から喰らえば、転覆してしまいそうなほどに揺れた。

ふと、あの船に視線を移す。

船はぴたりと付いてきていた。まるでこの船とロープで繋がっているかのようだ。

しかし、あちらは全くと言っていいほど揺れていない。ただ水面を滑るようにやってくる。同じ速度で走っているというのに、だ。

これ以上あの船を見ていても恐怖が増すだけだと気付いた俺たちも、母を真似るように一心不乱に祈った。

そして、子供たちの中では一番年長であった俺の兄が呼ばれ、何やら、叔父と話していた。

「何、話してたの？」

日に焼けた兄の顔が心なしか白かった。

「……いざという時は、叔父さんたち大人が犠牲になるから、その時は、お前が船を港まで進めろって」

簡単な船の操縦を教わっていたのだという。

「で、でも、兄ちゃん――」

船はあれ以上、近づかないだろ？　と言いかけて、ひゅっと息をのんだ。

……船が、少し大きい。

先程より、明らかにこの船との距離が縮まっていた。

暗くてはっきりとは見えなかったが、船室に男の人らしき顔も見える。

叔父はしきりに無線で仲間の船に助けを求めていたが、どうしたことか全く繋がらないようだった。

後で聞いた話では、この時叔父は、既に覚悟を決めていたようである。

しきりに「もうダメや。無理や！」と叫んでいる。

俺も薄々気が付いていた。遠くに見える港の灯台が、全く近づいていない、いや逆に遠のいていることに。

そして、背後の船はついにジャンプすれば飛び移れるような所まで近づいていた。

今度ははっきりと船室に二つの人影が見えた。だが顔はというと、ぼんやり霞んで判然としない。

「もう、駄目や！」

叔父が悲痛な声で叫んだ。

最後は一か八か、自ら向こうの船に飛び移って食い止めようと思ったのか、無我夢中で近くにあった棒のような物を手に取り、体にロープを結び付けていた。

その頃にはもう、空は黒く曇り、ずっと耳鳴りが響いていた。

何が起こるのか分からない。ただ、死ぬのだということだけが恐ろしい確信をもって迫りくる。

恐怖に呑まれ、泣きじゃくる子供ら。

そして、皆が全ての終わりを覚悟したその時——


それは、本当に偶然の出来事であったのだろう。

一隻の船が警笛を鳴らしながらぐんぐんこちらに向かってくるのが見えた。

無線でしきりに、何かあったのかと、こちらに問い掛けている。

すると、例の船は、スーっと離れ出して、そのまま波間に消えていった。

叔父が無線でこちらの事情を話すと、その漁船は、一緒に港まで行ってくれると言った。

そして、その船からは、暴走する叔父の船以外、何も見えなかったということも聞いた。

その後、無事に船は港へ着き、俺たちは這い出すように船から降りた。

叔父は改めて、あれが船幽霊であること。

そして、姿を見られたり、追いつかれたりすると、そのまま、行方不明になったり、沈没した状態で見つかるのだということを話してくれた。

海には、いまだ人知の及ばぬことが沢山ある。

もしあの時、最後まで追いつかれていたら……。

海を見ると、今でもたまにその時の恐怖を思い出す。

白山市の高校横の墓地で

我が家の本家の墓は、もともと白山市内にあった。

今は、親戚が住職をしている寺の境内に墓を移したのだが、俺が小学校高学年くらいまでは寺ではなく、少し離れた所にある高校横の墓地に本家の墓があった。

俺も幼い頃から両親に連れられて、お盆にお彼岸、年忌と、ことあるごとにこの高校横の墓地へ通っていた。

ここは昔、水道施設が無かったので、墓参りに使う水は高校の敷地内にある水道を使わせてもらっていた。水を汲むのは子供らの仕事と決まっていて、俺も兄と一緒に校庭の水場までバケツを持って行き、水をいっぱいに溜めて親の待つ墓まで運んでいた。

だが、高校の水道が使えるようになったのは俺が小学校四年ぐらいからで、それ以前は、さらに遠くの小川まで、歩いて水を汲みに行かされていた。当時は、先祖を敬う気持ちや畏れも薄く、お墓参りといえば、退屈と重労働以外の何物でもなかった。お墓参りの水汲みは、物心ついた頃から兄とやらされていたが、そこで俺は不思議な体験をしている。

それは、水汲みの最中に、必ずとある人物に遭遇するというものだった。それは首から上がかなり巨大なお婆さんで、どこからともなく現れては、俺たちに話し掛けてくるのだ。

話の内容自体は別に怖くない。「水汲み大変だねぇ！　小さいのに偉いねぇ！」といったありきたりな言葉だ。

ただ、やたらと大きな頭部が不気味で、俺たちは、そのお婆さんが現れないうちに済まそうと、かなりのスピードで水を汲んでいた。

だが、決まってバケツに水を入れている最中に、老婆は現れてしまう。それは、水を汲む場所が小川から高校の水場に移っても続いたので、きっとあのお婆さんはこの墓地の管理人なのだろうと俺たちは思っていた。

墓参りのたびに遭遇するので、そのうちぽつぽつと言葉を交わすようになっていく。とは言っても、「坊やたち、どこの家の子？」「……○○の家ですけど」と、この程度の会話だ。

ただ、○○家だと話してからは、「○○のお爺ちゃん、いつも寂しい寂しいって言ってるから、もっと沢山お墓参りに来てあげてね」などと言われるようになり、子供心にも、なんでこの人、死んだお爺ちゃんとお話できるんだ？　と、不思議で仕方がなかった。

「ねえ、管理人のお婆さんが、うちのお爺ちゃんがいつも寂しがってるから、もっと沢山、墓参りしろって言ってたよ」

水を汲んで墓に戻り、両親にそのことを話してみると、二人は怪訝そうに首を傾げた。

「この墓地には管理人なんていないけどねえ。おまえたち、誰かにからかわれたんだよ」

そう返されて、話は終わってしまった。

それからも、墓参りのたびにお婆さんは現れ、やがて水汲み場ではなく、本家の墓の周りをうろうろするようになった。

当然、俺たちは、「ほら、あのお婆さんだよ！」と言うのだが、親をはじめ大人たちは不思議そうな顔をして、「誰もいないじゃないか」と言うばかり。

ある時、あれはお盆の時期だったと思うのだが、墓地に着くと、いつものお婆さんが別の家の人の背中にむりやり飛びついて、おんぶさせるようにして乗っかっていた。その状態だと、いつも以上にお婆さんの顔の大きさが強調され、とても不気味に感じられた。

おまけに、その時のお婆さんの顔が、これまでの温和なものではなく、凄く気持ちの悪い笑みを浮かべた表情だったのだ。それがあまりにも衝撃的で、以来、俺と兄は墓参りに行くのを拒否するようになった。

親にはいくら事情を説明しても理解してもらえず、ずいぶんと怒られたが、またあの老婆と遭遇するかと思うと恐ろしく、頑としてお墓には行かなかった。

だが、ある年の秋、親族の何回忌かの法要があり、さすがにその時だけは断りきれず、再びあの墓地を訪れることになった。その時は、法事ということもあり、親戚の尼僧さんが、家族に同行して墓参りを行った。

恐る恐る墓地に足を踏み入れる兄と俺。だが、あの老婆の姿は見当たらなかった。

（ひょっとして、もう死んじゃったのかな？）

ご老人だし、しばらく来ていないうちに亡くなったのかもしれない。

楽観的に考えた俺たちはほっと胸を撫でおろした。すると今までの恐怖心も薄ぼんやりとしてきて、親から水汲みを頼まれた時も、二つ返事で承諾していた。

バケツをぶら下げ、高校の敷地内に入る。その日は、部活があるらしく、体育館からも高校生の声が元気よく聞こえていた。

秋晴れの空は高く青く、俺たちはのびやかな気分で水道の蛇口をひねる。

と、その時、突然目の前にあの老婆が現れた。

はっとした俺たちは次の瞬間、ぶわりと鳥肌を立てた。老婆の顔が、これまで見たこともないほど怒りに満ち満ちていたからである。

「お前たち、どうして、お墓参りに来なくなった？　あんなに寂しがってると忠告してあげたのに……」

ガタガタと震え、返事すらできない俺たちに、老婆はさらに目を吊り上げた。

「もうお前たちの言うことは信用できない。これからはずっとここにいて、毎日、お墓にお参りしてもらうからね！」

お婆さんはそう言うと、しっかりと俺の手を掴んだ。

（や、やめろっ）

俺を渡すまいと、兄が逆の腕を掴んで引っ張る。

だが、老婆の力は強く、とてもお年寄りとは思えないものだった。

（に、兄ちゃん！）

少し、また少しと俺は老婆ほうへ引き摺られていく。

大声で助けを呼ぶ俺と兄。

だが、なぜか全く声が出ていない。

……なんで？　なんで音にならないの？

顔はもう涙でグシャグシャだった。

もうだめだと思ったその時、突然、親戚の尼僧さんが走ってきた。

尼僧さんが数珠を振り、小声で何事か呟く。

すると、俺の手を握る老婆の手の力がふっと緩んだ。

「ああ、悔しい、悔しい……」

老婆は顔を歪めて呟くと、スーッと消えていった。

「怖かったね。もう大丈夫だからね！」

尼僧さんは、泣きじゃくっていた俺の頭をしっかりと撫で、優しく慰めてくれた。

その後、なぜか墓参りは中止となり、俺たちは親戚のお寺まで、家族揃って連れて行かれた。

道すがら、なぜ駆けつけてきてくれたのか聞くと、尼僧さんはにっこり微笑ってこう教えてくれた。

「声が聞こえたわけじゃないの。ただ、お前たちの心が叫んでいたから、慌てて助けに行ったんだよ」

そして、いつ頃からあのお婆さんが見えていたのか。

何を聞かれ、どう答えたのか。

そして、体に触ったり、触られたことはあったかなど、細かい質問をされた。

尼僧さんの真剣な顔に、俺も兄も一生懸命昔を思い出しながら答えていく。

そうこうするうちに寺に着き、全員がお堂に集められた。

そして俺たちは、今からお前たちのお父さんお母さんと大切な話をするから、お堂の外には出ないという約束で、自由に遊んでおいでと言われる。

だが、お堂の中には怖い不動明王の像もあり、先程の怖い体験のショックも冷めやらず、とても遊ぶ気分にはなれなかった。仕方なく適当な場所でゴロゴロしていると、苦笑しながら尼僧さんに言われた。

「お前たち、どうせ寝転がるんだったら、そんな所じゃなくてもっとお不動さん（不動明王像）の足元とかに寄りかかって寝てなさいな」

「えぇー……」

子供心にも、そんなことをしたらバチが当たるのでは？　と思ったし、親も、さすがに
それはまずいだろうという反応だったが、尼僧さんは涼しい顔で笑っている。

「ほら。いつもは怖い顔のお不動さんも、今日はそんなに怖く感じないでしょ？　それは、お不動さんが、お前たちを守ってくれてるってことなのよ。だから大丈夫」

「いやいやそれは……」

そう言われると、いつもは厳めしい不動明王像の顔も、不思議と恐ろしくなくなってくる。

結局、俺たちは尼僧さんに言われるがまま、お不動さんの足元に纏わり着くような格好で寝転がり、しばらくすると、そのまま寝てしまっていた。

が、寝入ってしまう直前まで、親たちの会話はしっかり聞いていた。

細部までは覚えていないが、だいたい以下のような話だったと記憶している。

まず、俺たちが遭遇しつづけたあのお婆さん。あれは、昔からあの墓地を棲家にしている番人のようなものであるらしい。通常は大した悪さもしないのだが、どうも徳が低いというか、感情を抑えられない所があり、嫌いな奴の背中に飛びついて転ばせたり、気に入った相手を自分の世界に連れて行こうとしたりする悪癖があるらしい。

どうやら俺たちはかなり気に入られてしまったらしく、とくに俺は、直接手を掴まれてしまうほど、老婆に魅入られてしまっている。

今から御祓いをし、何とかそのお婆さんの念は取り払うが、二度と俺たちに因縁が及ば

ぬように、墓の場所は移したほうが良いという話だった。
それから、俺たちは起こされ、無理やり御祓いを受けた。
そして後日、墓が移し替えられ、今の場所になったというわけである。
あの時、手を掴まれた俺は、いったいどこに連れて行かれる運命だったのか——。
分からないが、怖くて不思議だ。
この高校横の墓地は、当然今も実在している。

肝試しで起こった怪異

俺が中学生だった時のこと。

たしか夏休み期間だったと思うが、学校の行事でバス旅行に行ったことがあった。

一泊二日の日程で、普段は使われていない古民家に宿泊し、自炊などを体験するという内容だった。

最初はそれなりにわくわくしていたが、いざ現地に着いてみると、本当に何もない田舎であり、宿となる民家もおんぼろで、正直、一気にテンションが下がった。

しかし、男女全員が私服であり、普段の学校生活と違う解放感があったのは事実だ。

そんな中、俺が一番楽しみにしていたのが、肝試しだった。

当然、準備もかなり前から行い、満を持して本番を迎えた。

俺は、皆を怖がらせる側だったので、かつらにメイク、そしてボロボロの白い服と、幽霊コスに気合を入れていた。

しかし、本番前に先生からとんでもない爆弾が落とされた。

「ここは田舎だから、火葬じゃないぞ。昔ながらの土葬なんだ。つまり、死体がそのまま土に埋められている。死んだら土に返るっていう言葉どおりだな。だから、そんなに気合入れなくたって、この話を皆に聞かせれば十分怖いと思うぞ？　大丈夫、大丈夫！」

普段、「頑張れ」しか言わない先生に「そこまで頑張らなくてもいい」と言われるのは、有難いような有難くないような……ちょっとがっくりくる。

が、それより何より、そんな話を聞かされてしまうと、脅かすほうの俺たちが怖くなってしまった。

しかもその話はブラフでも何でもなく、仕掛け場所の下見をしていると、ところどころ土が盛り上がっているのが分かった。もしかしなくても、土饅頭というやつだろう。どうやらそこに死体が埋められているらしい。かなり不気味だった。

かくして、日が暮れ、肝試しがスタート。

二人一組で五分おきに出発し、ぐるりと回ってスタート地点に戻るコースだ。

予想通り、いや予想以上に皆怖がってくれる。

調子に乗ってやりすぎる奴らもいたので、先生から注意を受けるほどであった。

そして、無事全員がゴールし、肝試しは終了。

俺たちは何とも言えない達成感に包まれた。

確かに、隠れて待っている間は怖かったが、一旦スタートしてしまうと、土葬のことなど頭から消え、夢中で皆をおどかしていた。

最後に隠れていたおばけ役が全員出てきて、ゴール地点で記念撮影ということになった。

すると、肝試しに参加した生徒たちがざわつきだした。

何か変だ、おかしいと口々に言っている。

「なになに、どうしたの？」

訳が分からず聞いてみると、

「いや、だってさ……もっといただろ？」

おばけ役の人数が少なすぎるというのだ。

よくよく聞いてみると、仕掛けポイントには最低二人、時にはそれ以上が立っており、中には大人も混じっていたというのだ。

しかし、実際は、各ポイントには一人しかいなかった。だからこそ、おばけ役だった俺たちは一人で隠れて待つ時間が怖かったのだ。

「そんなことないって！」

どの場所も一人だったと言い張るおばけたち。

が、ある生徒の一言で、おばけ役全員の血の気が引いた。

「でもさー、お前らが脅かしているのは見え見えの幽霊でちっとも怖くなかったけど、お前らの後ろに立っていた幽霊役が怖かったよな！」

……ありえない。

幽霊役は一ヶ所に一人。先生だって参加していない。

「……いや、ほんとに一人だったんだよ……」

絞り出すようにそう反論すると、そいつは眉をひそめて顎をしゃくる。

「うそつけ！　お前の後ろにも、もうひとり立ってたじゃないか。痩せたばあさん」

——絶句。

どうやら俺たちは、肝試しの間中、本物の幽霊と一緒にいたらしい。

あのうら寂しい場所でずっと、ずっと……。

その夜、恐怖で眠れなかったのは、脅かす側の俺たちであったことは言うまでもない。

その本を読んではいけない

これは俺の高校時代の話である。

一応、運動部に所属してはいたものの、実は読書好きだった俺は、暇さえあれば学校の図書室で時間を過ごしていた。

高校の図書室とはいえ、所蔵量はかなりのものであり、ジャンルも幅広かったから、俺の読書欲を満足させるには十分な空間だった。

今でこそ、ホラー小説が大好物になってしまったが、当時は、エッセイとかSF小説、純文学などが好きな普通の高校生だった。ちなみに今も片岡義男の作品を愛蔵しており、読むだけであたかも自分がその場にいるかのように風景が広がる文体を、すこぶる気に入っている。

そんな俺であるから、頻々に図書室を覗いているうちに、粗方面白そうな本は読みつくし、だんだんと読みたい本が無くなってきた。仕方なく、いつもは興味が無いジャンルゆえ、近寄ることもしなかった本棚も探索してみることにした。

そこで俺は、不思議な本を見つけることとなる。

そこは歴史・古典の一角で、枕草子や古事記といった類の本が並んでいる棚であった。

その古めかしい本の中に、隠れるようにして一冊の白い本が差し込まれていたのである。

次の瞬間、吸い寄せられるように手が伸びていた。

引き出してみると、背どころか表紙にも文字がない。

首を傾げつつ中を捲ってみたところ、どうやらとある女性が自殺するまでの日々を日記風に綴ったものらしかった。

今なら、ネットの自殺サイトなどを覗けば似たような趣旨の日記が普通にアップされているが、その当時としてはかなり画期的というか、前衛的な内容だったと思う。おまけに、その本にはタイトルはおろか、作者の名前も出版社の名前すら書かれておらず、その得体の知れない雰囲気が、自殺など考えたこともなかった俺の読書欲を刺激した。

奇妙な興奮を覚えつつ、早速ページを繰る。古い紙とインクの独特の匂いが漂い、俺はすぅっと息を吸うと、本の世界に入っていった。

最初は、ごく普通の女子高生の平凡な日記だった。

当然、女子高生の日記を読む機会などあるはずもなく、ふーん、こんな風に考えてるんだな、俺とは考え方も性格も全く違うもんだなぁ、などと普通にほのぼのとした気持ちで読むことができた。内容は、誰かが誰かを好きみたいだからうまくいくといいな！　とか、数学の先生が苦手で大嫌い等々、本当に普通の女子高生の日常が綴られていた。

それでも、俺の好奇心を十分に満たしてくれたので、それからはほぼ毎日図書室に通い、その本の続きを読んだ。

通常、ある程度は読み飛ばしながら先を急ぐタイプの俺だが、不思議とその本は一行一行をしっかりと読まなければいけない気持ちにさせられた。当然、読み進めるのにかなりの時間が掛かった。日記は、それこそほんの一行で終わっている日もあれば、かなり長文で書かれた日もある。まあ、多感な女子高生の日記なのだから、そんなものだろう。

全体の構成としては、その女子高生が日記を書き始めてから、自殺するまでの約二年間の日記でできているのだが、ちょうど一年を過ぎた辺りから、文体や内容が少しずつ変わっていく。明るい陽の部分がどんどん減っていき、暗い陰の部分が多くなっていくのだ。細かい内容はあえて書かないが、自殺する人間の考え方や物の見方というのは、これほどまでにネガティブなものなのか、と当時の俺も衝撃を受けた。

そうして足繁く図書室に通っていたある日のこと。

いつもはぽつぽつと他の生徒や先生がいるのだが、その日は偶然、俺しか図書室にいなかった。その時、ふと妙な気配に気が付いた。

少女が一人、本棚の影からじっとこちらを窺っているのだ。

女の子はかなり痩せており、どこか憔悴しきったような顔で、虚ろに俺を見つめていた。制服を着ているのだが、うちの高校の物とは明らかに違う。それでも俺は、転校してきたばかりなんだろうと思い、気にも留めなかった。

しかしその日以来、俺が図書室でその本を読んでいると、必ずその娘が棚の影から覗くようになった。

それだけではない。その娘の顔は、俺が読み進むにつれて、どんどん痩せ細っていき、まるで、死体が腐乱していく様を見せ付ける様な様相になっていく。俺を見つめる目も、次第にギラギラした必死の形相に変わった。

これは、やばい……。

さすがに、恐怖を覚えた俺は、一度その本を読むのをやめてみた。

本を閉じ、五秒数えてから女が立っている本棚の影をちらりと見る。

するともう、そこに女の姿は無かった。

……やはり原因は、この本か。

そう思った俺は、以来、図書室でその本を読むのをやめた。

が、別の本を読んでいても、常に頭の中にはあの本の存在があった。内容が素晴らしいとか、文体に心惹かれるとか、そういうことではなかった。

何か、魔力に取り付かれたかのような不思議な魅力が、その本にはあったのだ。

図書室で、別の本を読むようになってから、何日か過ぎた頃。

俺はいつものように、読書中、ちらりと本棚の影をチェックした。

――大丈夫、いない。

ほっとして、視線を本に戻したその時だった。

「ヒッ」

あまりの恐怖に、思わず声が漏れた。

あの女が、俺の座る長机の前にしゃがみ込んで、こちらの顔を覗き込んでいたからだ。

女は悲しそうな目で言った。

(なんで読むのをやめるの？)

耳で聞いたのではない。頭の中に直接流し込まれるようにその声を聞いた。耳鳴りがして、周囲の音は全く聞こえない。なのに、その女の声だけがやけにはっきり聞こえるのだ。

女が、崩れかかった顔をぬぅっと俺に近づける。

俺は慌てて目を瞑った。

(痛かったんだよ、凄く！)

女は息を荒げ、喉の奥から絞り出すようにそう言った。脳髄にその残響が響き渡り、吐き気がする。気持ち悪さを必死に堪えていると、少しずつ女の苦し気な息遣いが遠のき、やがて何も聞こえなくなった。

恐る恐る目を開けてみる。

女は、消えていた。

俺は転がるように図書室を飛び出し、しばらくは足を踏み入れることもなかった。

普通なら、ここで話は終わるはずである。そう普通なら。

だが、やはりその本には魔力があった。

俺は、再びその本を手にしてしまったのだ。


いっときの恐怖が薄れ、図書室通いも復活すると、俺はまたしてもあの本を読みたくてたまらなくなった。そして、あろうことか今度は、貸し出しで本を借り、自宅に持ち帰ってしまったのである。

不思議なことに、貸し出しの手続きの際、その本は、所蔵リストには存在せず、管理番号も無かったので、特例的に〈白い本〉として借りることができた。

帰宅するやいなや、早速、俺はその本を開いた。

間隔が空いてしまったので、また最初のページから読み始める。

が、読み進んでいくうちに、妙な違和感を覚えた。

そう。以前読んだ時とは少し内容が違っている気がしたのだ。

(まさか、な……)

印刷物の本にそんなことはありえない。

俺は気のせいと割り切って、読み進めた。

以前読んだ時は、じっくり噛みしめるように読まなければならないような強迫観念があったのだが、今回は逆に、早く最後まで読まなければという気持ちに駆られていた。それでいて、活字の一文字一文字がしっかりと頭に焼き付けられていく。

そうして読み続けていくと、最初に感じた違和感が気のせいでも何でもないことがはっきりとしてきた。

その本は、明らかに現在進行形で書き換えられていたのだ。

なぜそれを確信したかというと、今、この本を読んでいる俺自身に関しての記述が出てきたから——そこには、俺に対する恨み辛みが、書き綴られていた。

〈読むのをやめるなんて、許さない〉

〈殺してやる……殺してやる……！〉

その頃になると、もうその日記は、文章の体を成していなかった。ただ訳の分からない言葉が並べられているだけのページもあった。

さすがに怖くなった。つい窓のほうが気になってしまい、カーテンを閉めようと窓の側に来た時だった。

何気なく外を眺めると、そこにいた。

電柱の外灯の下、あの女が嬉しそうにニヤニヤしながら俺を見上げていた。

冷や水を浴びたかのように血の気が引いた。

俺は、急いでカーテンを閉めると、さっとその本を閉じた。

……なぜ平気でこの本を読めていたのだろう。忘れていた恐怖心が一気に蘇り、その本への執着を凌駕した。

明日すぐに返してしまおう。俺は学生カバンに本を詰めこむと、家族がテレビを見ている居間へ行った。部屋に一人でいるのが怖くなったのだ。

皆でのんびりテレビを見ていると、先程の恐怖が少しずつ薄れてくる。ほっと一息ついて、菓子を食べていた時だった。

突然、居間の電話が鳴った。

母親が電話に出て、俺に言った。

「なんか、女の子が、お前を出せって言ってるよ！」

そう言われ、俺は首を傾げながら電話に出た。

「もしもし？」

すると、小さな声が耳元に聞こえた。

『最後まで読まないなんて……許さない！』

電話はそれだけ言うと、ぷつっと切れた。

俺は思わず受話器を取り落とし、恐怖のあまり家族に全てを打ち明けた。

到底信じてもらえまいと思ったが、俺と同じで読書好きの父は違った。

「そういう曰くつきの本も世の中にはあるって聞くからな……。一応、その本は学生カバンではなく、今夜は、仏壇の中に入れて寝なさい。きっとご先祖様がお前を守ってくれるから。そして明日学校に行ったら、すぐにその本は返してきなさい！」

神妙な顔でそう言ってくれた。

俺もそのほうが安心だと思い、その晩は本を仏壇に入れて寝た。


真夜中、ちょうど午前一時半を回った頃、ふと目が覚めた。

覚めたというよりも、起こされたというほうが正しいかもしれない。

今夜は、晴れで穏やかな夜のはずなのだが、その時、窓ガラスはガタガタと揺れており、時折、コンコンと窓ガラスを叩く音も聞こえた。

そして、その音に混じって声が聞こえてくる。

（本を何処にやった？）

（あの本があれば、そこに入っていけるのに……）

（本を何処に隠した？）

（ええい、口惜しい……）

そう繰り返していた。

――あの女に違いない。そう俺は確信したが、ただ布団をかぶって耳を押さえ、ガタガタと震えるほかなかった。

女の声は延々と続き、いつしか俺は寝てしまったらしく、次に目が覚めると、すっかりと朝になっていた。

カーテンを開けると、快晴の清々しい天気。

だが、窓には昨晩あの女が付けたであろう手や指の跡がくっきりと残っており、見た瞬間肌が粟立った。

俺は、急いで学校に行くと、本を抱えて図書室に向かった。

だが、もう中には入らなかった。

そこには、かなりの確立で、あの女が手ぐすね引いて待っていると感じたから。

悪いとは思ったが、図書室の入り口のドアの下にそっと本を置き、逃げるようにその場を立ち去った。

それから、怪異はすっかり消えた。

だいぶ経ってから、また図書室に足を踏み入れた。その時は生徒や先生でかなり賑わっていたので、少し安心してあの本を探してみた。

だが、あの白い本はもう何処にも存在していなかった。

俺はほっとする反面、じゃあ、何処に行ったのだろう？　と考え、少し不安になった。

そして、二十年以上経過した頃、俺は、再びその本を目にすることになる。

場所は、とある公立の大きな図書館。

娘を連れてその図書館に行った俺は、偶然近くの女性が読んでいる本に目を留めた。

本の大きさ、厚み、そして何も書かれていない白い装丁。

……あの本に間違いなかった。

恐る恐る辺りを見回した瞬間、冷たい汗がこめかみを滑り落ちた。

遠くにある本棚の影に、間違いなくあの女が立っていた。

ただ、その視線は、俺には全く興味が無いかのように、白い本を熟読する女性ひとりに注がれていた。

俺は娘を連れ、急いでその図書館を出た。

遠い日に嗅いだ古い紙の匂いがほんの一瞬、鼻を掠めた気がした。

確かに、その女の子は、そこにいた。

大学を卒業して、間もない頃だったと思う。

皆、無事に社会人として就職することができ、仲の良い友人二人と後輩一人というメンバーでいつものように遊んでいた。

特に土曜の夜は、皆でそれぞれ買ったばかりの車を持ち寄り、とある道路を使って、練習という名目で、レースまがいのことをして楽しんでいた。

当然、初心者の集まりであり、危なっかしいことこの上なかったが、それでも下手は下手なりに十分楽しく、皆その遊びにのめり込んでいった。

その道路の先には牧場があるのだが、その手前に大きな木が目印のちょっとした公園があった。

公園といっても、遊具がある訳でもなく、ただ柵で囲われた場所に大きな木と白いコンクリート製の建物があるだけだった。

ただ、走り疲れると、その場所に車を停めて色々と話したり、柵の上に乗ってお互いを落とし合ったりして遊ぶだけでも、その当時の自分たちにはとても楽しい時間だった。

ある晩、いつものように柵の上に乗って、落とし合いをしていると、どこからか「すみません」という声が聞こえた。

一瞬、ビクリとしたが、何しろこちらは男四人である。つい気が大きくなったのか、怖いという気持ちは瞬時に消え失せていた。

皆で声のしたほうを見ると、高校生くらいの女の子が一人、大きな木の下に立っていた。全身真っ白な洋服を着て、髪は肩くらいまでのボブカット。服装が少し流行遅れなようにも感じられたが、何よりとても綺麗な女の子であり、しばしぽかんとその子を見つめていた。

最初に頭をよぎったのは、俺たちに対する苦情だ。毎週毎週、週末の夜になるとここで走り回っていたので、文句を言われる可能性は十分にあった。

だが、そもそもこの場所で走ろうと思ったのは、近隣に牧場以外、民家が存在しないからである。だとすると……なんだ？

そんなことをぐるぐる考えているうち、またその女の子が話し掛けてきた。

「何してるんですか？」

あ、これはやはり苦情かと思い、「すみません。煩《うるさ》かったですか？」と返した。

すると、女の子は静かに首を横に振った。

「いえ、そうじゃなくて、なんだか皆さんがとても楽しそうだったので」

そう言って木の下から出てくると、するするとこちらに歩いてきた。

そんな出会いがあり、俺たちとその女の子はしばらくおしゃべりを楽しんだ。それは時間も忘れるくらいに楽しいひとときであり、その夜はたいそう盛り上がった。

それから、週末は必ず皆がその場所に集まり、その女の子と遊んだり話したりするのが恒例になった。中には、その女の子に好意を寄せる奴まで現れる始末……。

ただ、俺としては何か腑に落ちない部分があり、ある程度距離を置くようにしていた。腑に落ちないというのは、違和感と言えばいいだろうか。

ひとつは、その女の子が公園内にあるコンクリート製の建物に住んでいると話していること。だが、俺たちはその女の子と知り合う前に遊びでその建物を探検しており、その際に人が住めるような建物でないことは確認済みであった。大きな鉄製の扉と地下に続く階段があるだけで、とてもじゃないが人が住んでいる気配はなかったのである。

もうひとつは、その女の子がいつも同じ服を着ている点だ。夏だというのに長袖で、さらに上から白いガウンのような物を羽織っている。お洒落に興味がないんだとしても、その季節感のなさは度が過ぎていた。

他にも、いつもその場所から離れたがらないことや、解散時も絶対に先には帰らず、俺たちの車が立ち去るまでずっとひとりで見送っていることなど、不審な点は数えたらきりがなかった。

それに、もう一度よく調べてみたのだが、やはりこの近辺に民家は一軒も存在していな

確かに、その女の子は、そこにいた。

かった。公園内の建物に住んでいるという話は信じがたかったが、かといって車もないのにどこから彼女が来ているというのか……。説明のつく答えは思いつけなかった。

そして、決定的に嫌な予感がしたのが、その女の子が一度も笑った顔を見せていないということだった。楽しそうに話しているのだが、よく見ると表情が変わっていない。まるでお面のように無表情だった。

一緒にいる友達にも、その女の子がいない時に、「なんか妙じゃないか？」と話したことはある。だが、その中の二人は特にその女の子に御執心で、全く聞く耳を持ってはくれなかった。

そんな時期がしばらく続いたのだが、ある時期を境にして、ぱったりとその場所に行かなくなった。変な話だが、その理由がなんだったのか、全く覚えていない。

ただ一つ言えるのは、その頃、一度だけその女の子を車に乗せて皆で走ったことがあった。その際に、女の子を乗せていた一台が壁にぶつかるアクシデントがあった。

今でもそれは覚えているが、ハンドルで怪我したドライバーに対して、助手席に乗っていたその女の子は全くの無傷であった。

以来、この女の子と関わらなくなり、少なくとも俺自身は会うことも話を聞くこともなくなった。自分ひとりでその場所に走りに行き、その大きな木の下で休憩することもあったのだが、その時は女の子が姿を現すことはなかった。

確かに、その女の子は、そこにいた。


それから数年が過ぎ、その女の子のことは、俺たち皆の記憶から完全に消えていたはずだった。

そう、あの日が来るまでは。


それは、突然の出来事だった。

社会人になって数年が経ち、皆、思い思いのスポーツカーに乗り、色んな峠を走りに行くのを週末の楽しみにしていた。

その日は、ダム近辺の道を皆で走り、そろそろ帰ろうかと帰路についた時だった。

帰路ということもあり、さすがに皆スピードは控えめだった。

先頭は俺。その後ろに仲間の車が三台続いていた。

ふとバックミラーを見ると、後ろを走る車が猛スピードでこちらに突っ込んでくる。

この先は、落ちれば絶対に助からないような断崖絶壁に面した緩い下りの右カーブ。

一瞬、後続車のブレーキが壊れたのかと錯覚するほどのスピードだった。

やばい！　と感じた俺は、ブレーキを踏みつつ、内側に逃げた。

午前二時頃だったので、当然、対向車もいなかった。

それからの光景は、まるでスローモーションのようにはっきりと覚えている。

自分の後ろを走っていた車は、まるで谷底に向かうように、カーブの膨らみに向かって一直線に突っ込んでいった。

そして、ちょうどその車が自分の横を通り過ぎる瞬間、信じられない光景を見た。

必死に車のハンドルを切ろうとする友人と、それを邪魔するようにハンドルにしがみついている一人の女性。

彼女は笑っていた。確かに、艶やかに。

幸い、車は転落だけは免れた。道路の飛び出し防止用の石柱にぶつかって振られ、今度は内側の崖にぶつかったところで横転し、止まった。友人は救急車で病院に運ばれ、俺たちは事故処理で、朝方までその場所に留まることになった。

数日後、面会謝絶の解けた友人を見舞ったのだが、何やらひどく怯えている。

ピンときた俺が事故の時に見た女のことを話してみると、友人は重い口を開いて教えてくれた。

「ほんと突然、現れたんだよ……」

彼曰く、その女は彼が運転する車の中にいきなり現れた。そして、ケラケラ笑いながら物凄い力でハンドルを掴んできたのだという。

アクセルもブレーキも全く効かなかった。

最後の最後に、少しだけハンドルを切ることができたから助かったと彼は言った。

車の中に現れたのは紛れもなく以前、あの公園で一緒に遊んでいた女の子だったという。

そして、事故の時に腕を掴まれてできた手の跡を見せられた。それは彼の手首に赤黒い痣となってはっきりと残っていた。

その話を聞いて、当時俺が感じていた違和感はやはり間違いじゃなかったのだと確信した。同時に、昔、その女の子と特に親しくしていたのが、今回の事故にあった友人と、もう一人の友人の二人であることを思い出して、背筋が寒くなった。

彼が退院して、警察で事故調書の聞き取りをされていた時、警察が変な写真を持ち出してきたらしい。

当初から、事故は「突然現れた女性によって起こされた」と主張していた友人に、警察が「まあ、原因の特定とは関係ないんだがね……」としながらも、現場検証の時に写した写真を見せてくれた。

それには、暗闇の中でうっすらと笑みを浮かべて事故車を見つめる女性が写っていたという。

確かに、その女の子は、そこにいた。

結局、その女の子と親しかった友人二人は、すぐにお祓いを受けることになった。

以上で、この話は終わりなのだが、実はさらなる後日談がある。

お祓いを受けた友人二人のうち、事故に遭っていなかったほうの友人が、それから三年後に自宅アパートで腐乱死体で発見された。

死後、二、三ヶ月経過していたそうであるが、何故かその死体は、何かから逃げようとしている格好で発見され、居間のテーブルには、飲みかけのコーヒーらしきものが残っていた。

そして、部屋には、壁から天井に至るまで、御札でいっぱいだったとのことである。

あの公園は、今も大きな木とともに現存している。

優しい（?）幽霊

社会人に成りたての頃に体験した話である。

当時の片町は今と違い、昼も夜も人で溢れかえっていた。

その日は、花見を兼ねての歓迎会か何かだったと記憶している。

俺たち新人は、自己紹介を兼ねて一発芸をしなくてはならず、自分は、ワケの分からないモノマネと、今の時代は禁句となっている一気飲みを披露した。

しかも、悪酔いしやすいワインをチョイス！

手拍子に囃し立てられながら、ボトルを一本クリア！

思いの外ウケたので、調子に乗って二本目、三本目とクリアしていった。

その後もビールに日本酒、ウイスキーと飲みまくり。完全に調子に乗っていた。

そして、何軒めかの飲み屋でついにギブアップ！　これ以上はやばいという所まできた。

しかし、当時の会社というものは、そんなことで帰してくれるほど甘くはなかった。まぁまぁといいなされつつ、グラスには新しい酒が満たされる。

俺も必死で踏ん張っていたが、次の店に移動中、気持ち悪さが限界に達した。

「ちょっと、トイレ行って来ま〜す！」

なんとか悟られまいと陽気に振舞いつつ、隙をついて戦線離脱した。

しかし、そのままタクシーに乗れるほどの余裕はもはやなかった。ただひたすらふらつく足で、思いっきり吐ける場所を探し求めた。

時刻は午前二時から三時ごろ。

それでも通りには、まだ人がウヨウヨいる時代だ。限界を超えそうな俺は、ひと気の無さそうな雑居ビルを見つけると、これ幸いと飛び込んだ。

エレベータも無く、細い階段だけの古ビルだったが、あいにく一階、二階、とお店は営業中（泣）

俺は余力を振り絞り、さらに上へ上へと階段を上った。

どうやら、三階より上はすっかり廃墟状態のようだ。テナントが入らなくなって久しいのだろう。階段も点いているのかも怪しい程度の明かりしかなく、俺はひたすら屋上を目指した。

苦しい。吐きたい。

もはや頭の中はそれだけであった。

そんな中、朦朧とする視界に飛び込んできたのは、階段の隅に座り込むひとりの女性。

暗くてよく分からなかったが、性別は間違いなく女性だった。

（えっ？　こんな時間に、こんな場所で？）

普通なら、恐怖感に足がすくむ場面だが、その時の俺には、怯える余裕はすらなかった。

「すみません～」

女性の横を軽く声を掛けつつ通り過ぎる。

もはや何階だったか定かではないが、かなり上の階だったと思う。

そして、ようやく目の前に屋上に出られる扉が！

やっと見えた希望に縋りつくようにドアノブに手を掛けた俺は、次の瞬間がっくりと項垂れた。扉は、無情にもしっかりと施錠されていた。計画失敗である。

だが、また別の場所を探す余力はもう残っておらず、俺はその場でうずくまると、ひたすら吐き続けた。

正直、吐いても吐いても苦しさは改善せず、心臓の音も大きく聞こえていた。

「くっそ～、飲みすぎた。死にそう……」

独り言を言いながら苦しんでいると、ふと誰かが背中をさすってくれる。

(えっ？　誰……？)

一瞬、思考が停止したが、その時は藁にもすがりたい状態！

何十分そこにいたのかは分からないが、俺はそのままずっと背中をさすってもらっていた。

(きっと、さっきの女性かな……？)

不思議と怖さは感じなかった。

無言で背中を上下するてのひらを感じながら、ひたすら苦しみから逃れようともがいていると、突然、ふっと体が楽になった。

そうなると、気になるのは手の正体である。

まあ、さっき階段に座っていた女性で間違いないとは思うのだが。

思い切って振り返ってみた。

「え……」

思わず間抜けな声が出た。

そこは、先ほどの薄闇とはほど違い、完全に真っ暗な世界だった。

薄暗いとかではなく、漆黒の闇そのもの……。

「ヒィッ」

急に恐怖に縛られ、次の瞬間、体は階下に向かって走り出していた。

闇の中を夢中で駆け降りる中、再びあの女性に会うことはなかった。

そして、気付けば俺は元の通りにいた。

その後、自宅に戻った俺は、気持ち悪さと原因不明の高熱で三日間、会社を休むこととなった。

確かに怖い体験だったが、もし熱が出たのが彼女の仕業だとしても、恨む気持ちはない。

苦しんでいる俺をずっとさすってくれていた彼女の手。

それは本当に優しい手だった。

霊とパスタのちょっといい話

以前、金沢市内、それも俺の家からさほど遠くない場所に、とてもお洒落なパスタの店があった。

あった……というのは、理由は分からないが、今は店を閉めてしまっているから。

なんでも、そこのマスターは霊の姿を見たり、話したりできるらしい。人づてにそんな情報を得た俺は、俄然興味が湧いた。

しかし、お洒落という言葉には全くもって縁の無い俺である。ある意味心霊スポットに行く時以上の勇気を振り絞って、そのお洒落なパスタ屋に行った。

その際、俺の古くからの友人にご同行を願った。

その友人というのは、だいぶ以前、事故で人を轢き、死なせてしまったことがあった。死亡事故を起こしても悪びれせず、さっさと気持ちを切り替えて忘れてしまう人間もいるが、彼は違う。

そもそも、運転が荒いとか下手だとかということもなく、俺と同じくラリーやジムカーナを趣味でやっている反面、公道では、きちんと安全運転に徹する、真面目な男だった。

そんな彼が起こしてしまった事故というのは、若い頃、夜に車を運転していて、街灯も無いような暗い場所で、運悪く酔っ払った男性が道路に寝ており、それに気付くことができず轢いてしまったという、加害者にとっても、被害者にとっても悲惨な事故だった。

実際、交通刑務所にも入ることはなく、その男性の奥さんにも、どちらも運が悪かっただけなので、気にしないでください、と言われたほどである。

だが、そんな奥さんの優しさに触れるにつけ、彼の罪悪感はなおいっそう深く胸に刻み込まれた。お詫びに行った際に見た、まだ小さな子供の泣き叫ぶ姿が忘れられないのだとも言っていた。

だから友人は、恋愛もせず、遊びに行くこともせず、お酒も若い時から断っている。

ただ働いて、毎月、できるだけの金額を遺族に支払うだけの日々。

何が楽しみで生きているのかを聞いても、自分は他人の命を奪った人間だから、人並みに人生を楽しもうとか、謳歌しようなんて絶対に思ってはいけないんだ、と答える。

そんな真面目な人間だ。

俺はその彼を誘い、件のパスタ屋に赴いた。

外から見てもお洒落な店だが、いざ中に入ってみると、これまた洗練されていて、いささか場違いな気分になる。そわそわと適当な席に着き、待っていると、すぐにマスターが注文を聞きにきた。

ははぁ、この人が噂の霊感マスターだな……と思っていると、マスターは水を置いたまま黙ってしまった。じっと友人の顔を見つめている。

そして――。

「余計なお世話かもしれませんが、貴方の後ろに三十代くらいの男性がいらっしゃいます。別にとり憑いているとか守護霊がいるとかでは無くて……。ただ、その男のほうがこう言ってるんで、そのまま伝えますね」

躊躇《ためら》いがちに口を開いたマスターはそこで言葉を切ると、真面目な顔で続きを言った。

「私を轢いたことは、もう忘れていいから。貴方はまだ若いんだから、もっと人生を楽しんでほしい。私はそれがずっと心配で、それを伝えたくて、貴方のそばでずっと見守ってきた。だから、本当にもう忘れて、自分の人生だけを考えなさい。……そう、伝えてくれと言ってます」

それだけ言うと、マスターは奥に入って行った。

衝撃だった。

彼の過去は、ほんの一握りの人間しか知らないことで、見ず知らずのマスターが知っているとは到底思えない。

「うぅ…っ」

友人は、肩の荷が下りるのを感じ、その場で大声で泣いてしまった。

そんなやり取りを目の前で見てしまったものだから、次にマスターがテーブルにパスタを運んできた時、ついつい聞いてみたくなった。

「霊が見えるそうですけど、俺にも何か、憑いていますか？　悪霊が憑いていると言われたことがあるんですけど……」

するとマスターは言った。

「あんまり、こういうことばかりやってると何の店だか自分でも分からなくなるので嫌なんですが……。まあ、小さな女の子、えーと、貴方のお姉さんですかね。その女の子が貴方を守ってくれていますよ。っていうか、今の悪霊って言葉にバカうけして、笑い転げてます。こんな無邪気な悪霊いませんから。……もしかして、私のこと、試しましたか？」

と、鋭く突っ込まれた。

当然のことながら、一瞬ムッとした顔をされてしまったが、その後お客さんが少なくなった折に、その手の話題で盛り上がった。

正直、これだけの力があれば、そっちの道に進んだほうが大儲けできるような気がする。顔もイケメンさんであるし、メディアに出たら大人気だろう。

だが、彼にその気はないらしく、そういうことで謝礼を貰うこと自体、頑なに拒否するらしい。

勿体無い話ではあるが、逆にそういう所に好感が持てたのも事実である。

今はどうしているのだろうか？

呪われた家系

友人に、大手保険会社に勤めている男がいる。

彼は、死亡事故などの際、加害者、被害者の双方を調査し、適正な支払いが行われるように、報告する仕事をしているという。

そんな彼が、いつだったかこんな話をしてくれた。


Aさんという男性が、Bさんという男性を事故で轢き殺してしまったという。

ところが不審な点がいくつかあり、彼が調査に乗り出した。

まず、加害者男性が、被害者を轢き殺したわけであるが、その発生状況がいささか不自然だった。

Aさんは、運転中、突然ハンドルが利かなくなり、直進の意思に反して車が右折してしまった。そして、右折した先のちょうどガードレールが切れている場所にBさんが立っており、その顔には、驚きも恐怖もなく、うまく説明できないのだが、彼に向かって突っ込んでくるAさんに対して、申し訳なさそうな顔をしてお辞儀したというのである。

結局、Bさんは、Aさんの運転する車と背後の壁に挟まれる形で息を引き取った。

ただ、警察の実況見分やドライブレコーダーの記録からも、Aさんが主張する不自然さは見て取れた。Aさんの作り話ではないらしいと判断されたのだ。

だが、保険屋にとっては、その部分の明瞭化が重要だ。らしいでは話にならない。

そしてもうひとつ、こちらはさらに慎重をきす問題であるが、Bさんが事故で亡くなる半年前、Bさんの家族が、莫大な金額の保険をBさんに掛けていたのだ。

彼はまず加害者であるAさんに会い、色々と話を聞いた。

すると、ますますおかしなことが判明した。

それはBさんの通夜と葬儀に出た時のこと。Aさんは当然、遺族から罵られると思って覚悟していた。が、実際には、Bさんの親戚すべてから慰めの言葉を掛けられたという。

さすがにおかしいと思った彼は、すぐにBさんの遺族の元へと事情聴取に行った。

すると、Aさんから聞いていた通り、家族は、Aさんの心配ばかりをしていた。

「刑務所に入れられるんでしょうか？　できれば、もっと軽く済ます方法はありませんか？」

と、こんな感じだ。ただ、奥さんが悲しんでいる姿、流している涙は、どう見ても心からのものだと思えたし、保険金詐欺の疑いは彼の頭からすっかり消えていた。そういうのは、長年培ってきた感覚で分かるのだという。

なので、疑っているわけではないことをしっかりと伝えたうえで、あくまでオフレコの話として、事件の核心にあることを教えてほしいと彼は懇願した。

すると、ずっと黙りこくっていた奥さんが、重い口を開いた。

その話の全貌はこうだ。

奥さんも嫁いできて初めて知った話なのであるが、彼の家系は、男性が常に早死にする。

それも、結婚し、子供が生まれるとすぐに。これは、はるか昔の先祖から続いてきたものらしく、過去には、色々な方法でこの連鎖を断ち切ろうとした者もいたらしい。

だが、そうやって死の連鎖に抵抗したりすると、早死にや突然死が、他の家族や親戚、挙句の果てには、生まれたばかりの子供にまで及んでしまうのだという。

色々調べてみると、先祖代々の古文書にもそれは書かれており、どうやら、ずっと大昔に、その家の誰かが恨まれ、そして呪われたことに端を発しているらしかった。

だから、夫が近々死ぬことは、妻にはよく分かっていたことであり、当然その気持ちで、短くとも良い思い出を沢山作ってきた。

お互い、気持ちの整理もついており、別れの会も生前終わらせていた。無論、死が現実になると、悲しみ、辛さが込み上げてはくる。だが、夫が事故の際、相手に対してお辞儀していたと聞いて、夫が運命を受け入れ死んでいったこと、そして、事故の加害者に対しては巻き込んでしまって申し訳ないという気持ちだったのだろうということがよく理解できたという。

そんな家系だから、世の中に保険というものが誕生してからは、申し訳ないが、死ぬ直前に多額の生命保険を掛けさせて貰っている。

それが、その一族にできる唯一の対応策である。

愛する人の死がお金で補えるわけではないが、夫が残される家族のために自ら加入してくれた生命保険であり、できることならいただきたい。だが、こうして全てを話してしまったのだから、判断は保険会社の彼に一任する。

ただ、死の連鎖の巻き添えになってしまった加害者男性に対しては、できるだけ罪を軽くし、保険による十分な手当てをしてあげてほしい。

そう、奥さんは語ったという。

勿論、彼はこの衝撃の事実を会社に報告することはしなかった。

「で、結局、保険金は?」

「全額支払ったに決まってるさ。呪いとか、死期が決まってるとか、そんな話で保険が無効になる訳ないよ。まあ、話したとしても、逆に俺の頭がおかしいって思われるだけだろうよ!」

そう言って彼は笑った。

死の連鎖に囚われた一族、呪われた家系は確かに実在した。

呪われた家系　その二

これも俺の友人から聞いた話である。

よく田舎に行くと、その集落全てが同じ苗字の家のみで構成されていたりするが、まあ、それは単に親戚が集まってしまったというだけなのだろう。

が、中にはとんでもない理由で、親戚一同が一箇所に集まって生活している場合もあるらしい。

実は俺の友人の家も、周りを同じ名前の親戚縁者で固めて生活しているのだという。

しかもその理由が、〈呪いから逃れるため〉だというのだから、尋常ではない。

より正確に言えば、〈ある呪いの標的を欺くため〉に、親族が集まっているらしい。

しかも、田舎ではなく、立派な繁華街の一角に、だ。

なんでも、彼らの家系では一年に一人という異常な速さで、親戚が順繰りに死んでいった時期があるのだという。

死の呪いは、まず最初に、本家の長男へと向けられる。

その長男が死ぬと、今度は兄弟筋の家の長男が死んだ。

親戚中の長男が死に絶えると、次は次男という感じで、どんどんと死が連鎖していくらしい。しかも、その死に方というのも、全て悲惨なものであり、どれも原型を留めない姿で死んでいく。

ある者は交通事故で。

またある者は突然、ビルからの落下物に当たって。

時には自ら死を選ぶケースもあったが、いずれにせよ、遺体は通常では考えられないほどに損傷し、無惨な姿で家族と対面することになった。

その家系の者たちは、訳も分からぬまま、色々な方法でその呪いから逃れる術を探った。

それこそ、死に物狂いで試行錯誤し、ついに辿り着いた結論が、〈一族が固まって生活すること〉だったのだそうだ。

それこそが、死の連鎖から逃れる唯一無二の策――。

理由は分からないが、呪いが次の標的を定める際、無作為に見えて、実は何らかの法則らしきものが有るらしく、その順番を目くらましするのが、その方法なのだという。

実際、以前は、それこそ家系が途絶えるくらいまで死人が出たそうだが、今はなんとか持ち直しているらしい。

一族は、血が途絶えそうになった時、ある高名で徳を積んだ能力者に、原因を視て貰った。

その見立てによると、彼の家系の祖先は冷酷な地主で、村人を騙し、手酷い仕打ちを加えてきたらしい。そのせいで、多くの村人が怨みを抱え、失意の中で死んでいったという。

それからというもの、その家系に生まれた子供は、皆、順番に死んでいった。

どれも不審としか思えない死に方で。

そして、死んでいく者には、必ず三日前までに、異形のモノが訪れる。

ある家では魔除けをし、またある家では結界を張った。

しかし、そんなものは全く効果が無く、訪《おとな》いを受けた者は恐ろしい姿をしたモノたちを見てしまった恐怖の中で、絶望のうちに死んでいった。

いつしか、一族はできるだけ賑やかな場所に住み、同じ苗字の者たちだけで集まり、小さな集落を形成するようになったという。

実際そうしてからは、不審な死、早過ぎる死はほとんど無くなったらしい。

それでも年に数回、それらの呪い主が人間の姿に化け、親戚の家々を訪問しにくるのだという。その際、もしも正体を見破れずにうっかり家のドアを開けてしまったら……その時は死に直結してしまうらしい。

実際、彼のところにも年に二、三回、不審なモノがやってくるという。

それは、普通の人間に化けて近づくらしいのだが、やはり、何かが違うのだそうだ。

だから、彼を含め、彼の親戚の者は皆、誰かが家のチャイムを鳴らしても、決して応えず、自ら招くことはしない。ドアを開ける場合には、必ず、相手に開けさせるのだ。

何故かは分からないが、それらのモノたちは、自らドアを開けることはできないらしい。

彼は笑ってこの話をしてくれたが、その目は全く笑っていなかった。

そして――。

「先祖がとんでもない奴だと、こうやって子孫が苦しむんだよな。俺のほうこそ、元凶になった先祖を呪いたいよ！」

こう言って、再びヒステリックな笑い声をあげた。

異形が訪う一族。この家系も確かに実在する。

帰ってくるモノ

夏の風物詩と言えば、花火と並んで盆踊りだろう。

賑やかな太鼓の音と唄が鳴り響くなか、老いも若きも輪になって踊る。露店も並び、いかにも夏の夜の祭といった雰囲気だが、その成り立ちにはこんな意味もあるという。

お盆には、死んだご先祖様が戻ってくる。

しかし、ご先祖様も既に霊となっているため、その姿を見られてはいけないらしく、あくまで遠くから残してきた家族や子孫の様子を窺うことしか許されないらしい。

そこで、盆踊りである。

盆踊りなら、霊も踊りの輪に入り、生者に混じって、親族たちの姿を見ることができる。

怖がらせることも無く、ごくごく自然に。

地方によっては盆踊りの際、生者と死者の見分けがつきにくいように、お面を被って踊るという地域もあるらしい。

なんとも、素敵な習わしだと思う。

が、死者が戻って来られるお盆の時期に起こった怖い話も存在している。

これは、俺の親戚に起こった実話である。

その親戚の家は、父親が亡くなり、母親と娘二人の三人暮らしであった。

不幸は続くもので、父親が亡くなって幾ばくもしないうちに、母親にも癌が見つかった。すでに末期で、余命は半年。

結局、その見立てよりも早く、三ケ月ほどで母親は亡くなってしまった。

娘二人のうち、妹のAさんは特にお母さんっ子で、何処に行くにも母親と一緒だった。それくらい大好きなお母さんであるから、葬儀が終わり、いよいよ荼毘に付されるという時には狂ったように泣きじゃくり、母親の入った棺にすがりついていた。それはもう、見ていて胸が痛くなるほどであった。

そんなAさんであったから、その後の傷心具合には、親戚一同、心を配った。悲しみのあまり心を病んでしまわないか、心配だったのである。

そんな折、Aさんの姉から連絡を受けた。

Aさんの様子がおかしいので、一度会って話してみてほしいとのことだった。

次の週の日曜日に、早速、姉妹の家を訪れた。

先に姉のほうと話したのだが、少々肩透かしというか、呆気にとられた。

様子がおかしいというのは、当然のことながら傷心により塞ぎ込んでしまっているもの、と勝手に解釈していたのだが、どうも違うらしい。

なんと、Aさんは、以前にも増して明るくなっているというのだ。

それはそれで良いことなのだが、どうも四六時中、誰かと楽しそうに話しているらしい。

……いったい、彼女に何が起きているのか。

とりあえず姉から聞いた話を踏まえ、自室にいるAさんに会ってみた。

最初に彼女と話したとき、あまりの屈託のなさに面食らった。

事前知識が有ったにも拘らず、だ。

何故なら、Aさんはもともとそんなに明るい性格ではなかったのだから。

「久しぶり。今日は何の用事？」

明るく問い掛けられ、思わずこちらも笑顔になってしまう。

「うん。叔母さんが亡くなってから、一度も顔を出してなかったからさ」

そう言うと、一瞬Aさんは何か言いたげな顔をした。

が、すぐににこやかな笑顔に戻り、「まあ、ゆっくりしていってね」と自分の部屋から出て行ってしまった。

Aさんがいなくなってしまったので、一旦居間に戻り、Aさんの姉と話す。

「ね、変でしょ？　あんなに落ち込んで、それこそ後追い自殺でもしちゃうんじゃないかって心配してたほどなのに……」

何だか不安だし、気味が悪いと眉を寄せる姉に、そっと俺は頷いた。

「確かにね。でも、憑依されていたり、精神がおかしくなったりしてしまった人間には、あんな笑顔はできないよ」

それは正直な俺の感想だった。それくらいあの笑顔には邪気がなかった。

しかし、姉は納得がいかないというように首を傾げる。

「でもね。妹が誰かと話してるのを、この前盗み聞きしたんだけど、話してる内容とか、話し方とか、まるで、亡くなったお母さんと話しているみたいで……怖いの」

得体の知れぬ何かに絡めとられ、姉はぽつりとそう漏らした。

俺は、もう一度本腰を入れ、Aさんと話してみることにした。

＊

「Aちゃん、ちょっと、お邪魔するね」

声を掛け、そのまま問答無用で部屋の中に踏み入る。

その時彼女は、亡くなった母親の部屋にいた。

そして確かに「誰か」と談笑していた様子であり、俺が部屋の襖を開ける直前まで、それは聞こえていた。

俺はすかさず、Aさんに尋ねた。

「ねえ、今誰かと話してたみたいだったけど、誰と話してたの？」

単刀直入にそう言うと、Aさんはぎくりと頬を強張らせた。

やがて、少し俯いて考えてから、こう言った。

「あのね。貴方には信じてもらえそうだから言うけどね。お母さん、死んでないの」

「え……？」

すっと顔をあげたAさんの目は輝いていた。

「死んでから、七日目だったかな？　突然、私の前に現れて、それからはずっと一緒にいてくれてるの。だから、全然寂しく無いし、前よりお母さんと一緒にいられる時間が増えて、凄く嬉しいんだ」

と、またしても屈託の無い笑顔でそう言うと、ちょっぴり肩をすくめてはにかむ。

「本当はね、誰にも言うなってお母さんから言われてたの。でも貴方って、昔からそういう体験が多かったし、絶対に信じてもらえると思って」

俺は内心の動揺を押し隠し、ひとまず「ああ、そうだったのか。凄いじゃない！」と相槌を打つ。

が、部屋から感じられる空気は冷たく澱み、明らかな邪気に満ちていた。

後で件の部屋の写メを撮らせてもらい、Aさんの姉には、「とにかくAさんから目を離さないように」とだけ告げて、おいとました。

その足で、まっすぐに親戚の尼寺に向かう。

この寺には高校横の墓地での一件の他、過去に何度か霊的なお祓いをしてもらったことがあり、確かな能力があることは承知していた。

「すみません、これなんですが……」

細かい話は後回しに、早速、部屋で撮った写メを見て貰う。

尼僧さんは見た瞬間、眉を顰めた。

無言で霊視をする彼女に、これまでの経緯を話して聞かせると、ため息をついて首をふった。

「あのね。ここにいるの、間違いなく、その女性のお母さんじゃないよ。というよりも、人間じゃない。狐だよ」

「狐……」

「それも、ただ騙して楽しむとかのレベルじゃない。黄泉の世界に連れて行こうとしてる。そんな感じはなかった？」

「いや、今のところは……」

Aさんの様子を思い出し、そう答えたものの自信はない。

尼僧さんは頷くと、

「じゃあ、私は、この場所から、写真に向けて、お祈りと御祓いを続けるから、貴方はその女性が自殺をほのめかすような言動がないか、注意を怠らないで！」

「分かりました」

俺は寺を辞すと、早速Aさんの姉に電話を掛け、尼僧さんに言われたことを伝えた。

すると、気がかりなことを聞かされた。

そう言われれば、つい数日前から、Aさんが通販で何かを買い込んでいるらしいのだ。

さらに、ちょうど尼僧さんが祈祷を始めた頃、Aさんの様子が急変した。

顔つきも人間というより、動物のそれになり、訳の分からぬ言葉を発して暴れているという。

「Aさんが通販で買ってる物の中身、こっそり調べられないかな？」

「分かった、やってみる」

それから、一時間も経たずにAさんの姉から電話が入った。声が震えている。

「妹が買ったもの、分かった。睡眠薬と太いロープ……」

もはや、何が目的かは想像に難くなかった。

俺は急いで先刻の尼僧さんに連絡し、どう対処すれば良いものか指示を仰いだ。

すると、思わぬ言葉が返ってきた。

「あのね。さっきは狐って言ったけど、どうもそれだけじゃないみたい。自殺した人間の霊も狐に同化してしまっている。一緒になって彼女を連れて行こうとしているの」

「そんな……」

「写真に色々とやってみたけど、二人相手じゃ、遠隔は無理だと思う。だから今からその家に向かいます」

かつてなく緊迫した尼僧さんの声に、もはや一刻の猶予も許されぬ事態であることが分かった。


二時間後。

尼僧さんと落ち合った俺は、再びAさんの家の前にいた。中からAさんの姉が出てきて、門の外まで出迎えてくれる。

Aさんを抑えるのに疲れ果てたのか、少しグッタリしている。

そんな様子を見て、俺が、さあ行きましょうかと踏み出そうとすると、尼僧さんに袖を引かれ止められた。

「中には入らないほうがいいわ」

「え？」

「今から家の中で直接お祓いを行うけど、狐ってずる賢いの。絶対に周りにいる人たちを巻き込んで私を止めようとしてくるはず……。だから、できれば終わるまでは二人とも離れた場所にいてくれる？」

俺は黙って頷くと、Aさんの姉と連れ立ち、その場からかなり離れた喫茶店で待機することにした。

……が、そこからが騒々しかった。

とにかく、Aさんの姉や俺の携帯が鳴りまくる。

出れば、Aさんの声で「助けて、殺される！」といった叫び声や悲鳴が。

一瞬、動揺するも、尼僧さんに全幅の信頼を置いている俺は、Aさんの姉に大丈夫だと伝え、そのまま携帯をマナーモードにし、電話には出ないことにした。

そして三時間が過ぎた頃、ようやく尼僧さんから「すべて終わった」との連絡が入った。

疲れ切ったその声音に、今回の闘いの壮絶さを思い知った。

「もう、大丈夫だと思うけど、Aさんの具合がよくないから、後は頼むわね」

そう言って電話を切った尼僧さんの声は、息も絶え絶えといった感じだった。

早速駆けつけると、尼僧さんはAさんの背中を撫でながら、人間の死というものについて説いていた。彼女が母親の死を理解し、受け入れ、きちんと乗り越えられるように……。

だが、帰り道、尼僧さんはこうも言っていた。

――Aさんの場合、母親に対する深い思慕が、結果として付け込まれる形になったけど、でも、そのまま騙されていたほうが彼女にとっては幸せな人生だったのかもしれないね、と。

確かに、再び泣き崩れ、ボロボロになって「お母さん」と連呼する状態に戻ってしまった、先程のAさんの姿を思い浮かべると、そんな気もした。

故人を慕う気持ちに付け込んだ、お盆の時期の嫌な出来事であった。

キツネの嫁入り

友人が体験した話である。

その友人は、とにかく山菜採りが大好きで、休みになると、せっせと車に道具を積み込み、山の奥深くまで行っては、一日中、山菜を採りまくる。

そんなに採ってどうするのかと思われるかもしれないが、気前のいい彼は自分の家で食べる量以外は、全て友人たちにお裾分けしてくれていた。かくいう我が家も何度もその恩恵にあずかっている。

今回書くのはその彼が、山菜採りの最中に体験した話である。


その日、彼は春の山菜を目当てに、知人から教えて貰った山へ赴いた。

その山はかなり傾斜がきつく険しいのだが、それゆえ手付かずであり、山菜の宝庫なのだという。

実際に行ってみて驚いた。蕨《わらび》、タラの芽、蕗《ふき》の薹《とう》……。旬の山菜が急勾配の斜面一面を埋め尽くしている。

彼はもう嬉しくなってしまい、早速かがんで山菜を採り始めた。

持ってきた袋はあっという間にいっぱいになり、荷物の中から山菜入れとして使えそうなものを引っ張り出しては、また夢中で山菜を採りまくった。

摘みながらどんどんと急斜面を横に移動していくと、何処からか笛や太鼓の音が聞こえてきた。

(ん？　何処かでお祭りでもやっているのか？)

不思議に思ったものの、彼はそれ以上気にせず、暢気に山菜採りを続けた。

どれくらい時間が経過しただろうか。

彼はその後も採り続け、ついには、持ち帰れないほどの量になっていることに気付いた。

「そろそろ帰るとするか」

屈んでいた体を起こし、大きく背伸びをしたその時、不思議なことに気付いた。

自分が今立っている所は、山の急斜面であり、かなりの山奥である。

それなのに、先程から、笛や太鼓の音がずっと聞こえ続けているのだ。

だが、こんな場所に集落が在るとは考えられないし、聞こえてくる笛や太鼓の音も、一人や二人のものではなかった。

――今聞こえているのは、一体何なんだ……？

一度気になりだすと、止まらない。

彼は耳を澄ますと、音の聞こえてくる方向へと姿勢を低くして近づいていった。

ところが、先程はあんなに近くに聞こえていた音が、いざ、その出所を探し出すと、なかなか近づいて来ない。次第に方向感覚すら怪しくなってくる。

そうこうしているうちに、突然、激しい雨が降り出した。

空を見上げると、間違いなく晴れ渡っているのだが、何故か彼がいる場所にだけ雨が降っている様な異常な天気だった。

とはいえ、雨の降りはなかなか激しく、彼は大きな木の下へと急いで駆け寄り、そこで雨宿りをすることにした。

（それにしても、あのお囃子《はやし》は何処から聞こえてくるんだろう？）

相変わらずそのことを考えていると、心なしか音が近づいてくるような気がした。

いや、気のせいではない。

音は確かに雨宿りしている彼のほうへと近づいて来ていた。

そして、その時点で好奇心を覆い隠すように恐怖心が湧き起こってきた。

それは得体の知れないものへの恐怖だったのかもしれないし、今まで探していたものに逆に追われているという恐怖だったのかもしれない。

とにかく、その時の彼の頭の中は恐怖というものにどんどん満たされていった。そして、

（もしかして、俺がここにいるのが、ばれてるのかも？）

そう思い始めると、もういてもたってもいられなくなる。

しかし、彼自身が相手を見つけていないのに、それは無いだろうと思い直す。

案の定、音はどんどん近づいてきて彼が身を隠している大木の前までやって来たが、そのまま少しずつ遠ざかっていった。

やはり気付かれてはいなかったらしい。

もし集落があるなら、私有地に無断で入り込んでいた可能性もあるので、いささか後ろめたい。

彼はホッと胸を撫でおろした。

ところが、一旦安心してしまうと、またしてもその音の主を見てみたい、という好奇心が湧いてきた。

そこで、そろりそろり体を動かして、その音が過ぎていった道が見渡せる所まで、移動した。

息を殺し、木の影からそっと向こうを覗きこむ。

まず目に飛び込んできたのは、生い茂る木々と草。

道らしきものはどこにもなかった。

(おかしいな……)

これでは、あの笛や太鼓の集団は、藪を漕いで進んでいたことになる。

彼は訳が分からなくなってしまった。

そして、次の瞬間あることに気が付いてハッとした。

音が。

先程まで聞こえていた笛や太鼓の音が、聞こえなくなっていたのだ。

(……どうしたんだ？　祭りはもう終わったのか？)

彼は再び木の陰から笛や太鼓が通り過ぎていったはずの方向を見た。

刹那、心臓が止まりかけた。

そこには、数十人はいるかと思える程の人が、横一列になってこちらを凝視していたのだ。

全員和装。男は羽織袴、女は着物を着ている。

少し前屈みになった姿勢で、それらはピクリとも動かない。

そして、その中に、どうやら新郎新婦らしき者がいるようだった。

驚いたのはその顔だ。

とがった鼻に、つり上がった細い目。三角の耳……。

(キツ、ネ……？)

体は人間のように着物を着て二本足で立っているが、その顔は紛れもなくキツネのそれであった。

最初は、お面を被っているのだと思った。

しかし、よくよく見ると、どうもその顔はお面などではない。

その間、約十秒くらいか。

我に返った彼は、そーっと後ずさりして再び木の影に隠れた。

目を閉じて、落ち着け落ち着けと念ずるが、心臓が物凄い速さで脈を打ち、恐怖とも衝撃ともつかぬ慄きが全身を駆け巡った。

――自分は見てはいけないものを見てしまったのではないか？

だとしたら、これからどうすれば良い……？

普通なら、その場から逃げる、という答えになると思うのだが、彼はなんと、彼らのもとに行き、謝ろうと考えた。

彼は一度深呼吸をすると、思い切って木の影から出ようとした。

「……ッ！」

今度こそ息が止まった。

そこには先程、かなり向こうに立っていたはずの彼らが木の影に隠れる彼を覗き込むようにして周りに集まっていた。

やはり全員がキツネの顔であり、首から下の人間の姿と相まって、とても不気味に見えたという。

謝罪しようと思っていた彼だったがあまりの恐怖に、そのまま後ずさりし、滑り落ちるように斜面を下っていった。

その後、どのようにして自宅まで帰ったのか、全く覚えていないという。
気が付くと、彼は自宅の前に立っていた。
――俺は一体どうしたんだ？　さっき見たモノは夢だったのか？
そう、思いたかった。
しかし、彼はそれから毎晩のように悪夢に魘されることになる。
夢の中に、あのキツネの顔をした新郎新婦が現れては、
〈絶対に許すまいぞ。お前を呪い殺し、末代まで呪ってやる……！〉
そう繰り返すのだ。
そのうち、食事も喉を通らなくなり、彼はどんどん痩せていった。

彼のそんな状態を知ったのは、それからかなりの時間が経過した頃だった。
激やせした姿に驚いて事情を聞くと、実は……と、先の話を教えてくれたのだ。
何とか彼を救えまいか。
俺は知り合いの霊能者のAさんに事情を説明し、相談した。
口は悪いが、イザという時にはいつも圧倒的な力で救ってくれる女性霊能者だ。
そんなAさんが、その時は少し悲しそうな顔をして目を合わそうとしない。

それでもひたすら頼み込むと、一度会ってくれることになった。

いつものがらっぱちで口の悪いAさんとはまるで違う印象に少々とまどった。


次の日曜日、嫌がる彼を説得してAさんとの待ち合わせの場所へ向かった。

待ち合わせした公園に着くと、既にAさんが待っていた。

早速、彼を霊視してもらうも、結果を聞く前に、彼はこう話し出した。

「気持ちだけは受け取るよ。本当にありがとう。でも、どうしようもないことは自分自身が一番理解しているんだ」

彼は薄く笑って、俯いた。

「毎晩、夢の中に出てくるキツネたちと色々と話したんだ。もう何度も……数え切れないくらい謝った。だけど、やはり許すことはできないってな。ただ、俺の家族や子孫に祟りが及ぶことは何とか回避できそうなんだ。俺がキツネたちのために、残りの短い生涯を誠心誠意尽くすならって……」

だから、悪いけれどそっとしておいてほしい。

それに、お前にまで祟りが及ぶなんて絶対に避けたいから――。

彼がそう言うと、Aさんも無言のまま首を縦に振った。

「じゃあな」

彼は見納めのように俺の顔を見てそう言うと、ひとり公園を後にした。

帰り道、俺はAさんに聞いてみた。

本当にどうすることもできないのか、と。

Aさんは、らしくないため息をつくと、重い口を開いた。

「動物霊、その中でもキツネは特に地位が高いんですよ。人間の力が及ぶものではないんです。あの人も、それが良く分かってるみたいです。だから、貴方を巻き込まないようにしてるんだと思いますよ」

その後、彼は俺の前から忽然と姿を消した。

もしかすると、今頃はあの山の中で、キツネたちのために尽くす役割をこなしているのかもしれない。

この山は、今も金沢市に実在している。

最恐に危険な心霊写真

俺の従兄弟は、東京のテレビ局で映像の仕事をしている。

先日、その従兄弟がガンで余命数ヶ月だという連絡を受け、ふとこの話を思い出した。

従兄弟は俺の四つ上で、昔からカメラマンに憧れ、ずっとその夢に向かって頑張っていた。そんな彼であるから、常にカメラを持ち歩き、いつでもどこでもシャッターチャンスをうかがう癖がついていた。

ある時、大きな木を撮影しようとシャッターを切ったところ、かなり古そうな無縁墓を撮影してしまったことがあった。狙いはあくまで木だったが、そこに偶然、墓が写り込んでしまったのだ。

後日鑑定してもらった結果、墓は江戸時代の物ではないかという話だった。

最初に異変に気付いたのは、現像し、プリントをした時だった。

墓を写してしまった写真に、恐ろしい顔でこちらを睨む霊の姿が写っていたのだ。

霊はほぼ全身が写っており、顔だけがアンバランスに大きかったが、服の模様が分かるほど、はっきりくっきり浮かび上がっている。

興奮した従兄弟は、まるでスクープ写真を撮ったかのように、それを周りの人間に見せて回った。

そして、結論から言おう。

合計三人が死んだ。

一人目は、遺書もなくビルから飛び降り。

二人目は、列車に飛び込み。

三人目は、事故死である。

その他の者も、撮影した彼を含め、何らかの大怪我をした。

彼らは怪我をした際、必ずあるものを見たという。

当の従兄弟も事故に遭い、一時は生命の維持も危ぶまれるほどの大怪我を負ったのだが、その際、確かに見たと証言する。

運転中、あの写真に写っていた霊と同じ顔が突然視界に入り込み、その瞬間、車のコントロールが利かなくなったのだ、と。

階段から落ちて怪我した者も、転がりながらあの顔を見たそうだ。

もはや疑う余地は無かった。

一連の凶事の原因は、あの写真に違いない。

（このまま写真を持ち続けたら、いつか俺も殺される――）

そう悟った彼は、知人の紹介で、とある寺に写真とネガを持ち込んだ。

写真を見た僧はさっと顔色を変えると、弟子たちに指示を出し、ただちに寺の周りに大きな結界を張らせた。写真に写った悪霊はその中でじつに七日を掛けて、ようやく退治することができたという。

「これはとんでもないものです。できる限りのことはしましたが、相手の力が強すぎ、完全には成仏させることができていません。あなたはもう、二度と写真は撮らないほうがいい。撮ったら命はないものと思ってください」

ことにあたってくれた僧は厳しい顔で彼にそう告げ、例の写真だけを返した。これは戒めにあなたが持っているように、と。

結局、従兄弟はカメラマンの道を断念し、今の仕事に就いた。

何年かに一度くらいしか会えないが、いまだに写真を撮ることはおろか、カメラには一切手を触れていないそうである。

最後に会った時、こんなことを言っていた。

「テレビの世界なんてさ、お前たちが考えている以上に、嘘と虚飾の世界なんだよ。テレビでやっていることの殆どは、ヤラセ同然のものばかりだ。でもな……そんな中でも、いや、そんな世界だからこそか？　稀に本物が映り込むことがあるんだよ。本当に危険なものがな。でも、そういう真実ってのは、決して表には出さない。それがこの世界の慣習というか、暗黙の了解なんだ。だから視聴者が目にするのは嘘の世界だけ。本当に映りこんだ真実とか恐怖っていうものを見ることは絶対にないんだよ。でも、真実は隠されただけで、確かにある。こんなの放送したら、世の中どうなってちまうんだろうっていう映像も沢山ある。俺が昔撮っちまったあの心霊写真も、そういうものの一つなんだろうなって思うよ。まぁ、あれは半端じゃなく強い怨念が宿っているらしいから、別格かもな」

彼はほろ酔い気分でくつくつと笑うと、なんなら一つくらいコピーして送ってやろうか？　と言ってきたが、二つ返事で断ったのは言うまでもない。

＊

ここからは後日談になる。

余命数カ月を宣告されていた従兄弟が、とうとう亡くなった。

そのお別れの会へ出席するため東京へ行った俺は、彼の母親（俺にとっては叔母にあたる）から思いもよらぬ話を聞かされることになった。

そもそも、従兄弟のガンは不思議な場所から発生したという。

食道の裏側にあたる場所、つまり首の後ろ側だ。

そこから全身に転移し、死に至ったと聞く。

四歳年上の従兄弟は、性格も明るく、京大出身なのに偉ぶることもなく、いつも笑っていた記憶しかないくらい、素敵な従兄弟だった。

だが、ガンの末期、見舞いに訪れた時に見た顔は、ショックだった。俺が知っている従兄弟とは別人のように、顔が浮腫《むく》み、大きく腫れ上がっていたからである。

その顔は正直、あるものを思い出させた。

彼が写してしまった心霊写真。あの、体と比べて不自然に大きかった女性の顔だ。

実は彼が亡くなった際、通夜や本葬に親戚は誰一人呼ばれなかった。

俺も後日開かれたお別れの会で、ようやく叔母から詳しい事情を聞くことができた次第だ。

が、果たして聞いてよかったものか……。俺は真実を知ると同時に、どうしようもない寒気に襲われてしまった。

以下は叔母から直接、俺が聞いた話である。

それは、亡くなる少し前からのこと。

従兄弟は悪夢に苛まれるようになっていた。

病院では、「一人は怖い、個室は絶対に厭だ」と言い、最後まで四人部屋かＩＣＵにいることが多かったそうだが、それでも寝るたびに魘され、潰れた声で叫んでいた。

『ゆるしてくれ……ゆるしてください』

それは、誰かに対して必死に謝る言葉だった。

それだけなら、ただの悪夢かもしれない。

だが、同室の他の患者さんが、カーテンに映る異様に大きな頭の人間の影を見ているのだ。それも一人や二人ではない。ＩＣＵでもそれに似たモノを皆が見たという。

彼は亡くなる直前、母親にこう頼んでいた。

「あいつは、俺がちゃんとあっちの世界に連れて行くから。だからあの写真、俺の棺桶に入れて一緒に燃やしてくれ……」

それが最後の言葉になった。


息を引き取った彼が、通夜を控えて病院から自宅に帰ってきた時のこと。

叔母や彼の兄弟が、葬式の準備で自宅に集まり、あれこれ話し合っていると、異変が始まった。

まず、音が消えた。周りの雑音がふっと途絶え、その瞬間、嘘のような静寂に包まれた。

そこに、突然玄関のチャイムが鳴り響いた。

〈どちら様ですか？〉

インターホンに出た叔母が問い掛ける。

が、返事がない。

困惑したまま席に戻ると、再びチャイムが鳴る。

今度は、叔母の息子、亡くなった従兄弟の弟が出てみたが、やはり無言。

仕方なく叔母が玄関に行き、ドアの覗き窓から外を窺うと――。

「きゃああ！」

刹那、叔母は大声で悲鳴をあげた。

叔母が見たもの……それは覗き窓からこちらを覗く、大きな目であった。

その瞬間、叔母の脳裏に閃いたのは、あの心霊写真の顔。

叔母も当時、従兄弟から写真を見せられた一人で、原因不明の交通事故に遭っている。

横断歩道で信号待ちをしている際、何者かに後ろから突き飛ばされたのだ。叔母を轢いたドライバーも、気付いて停止しようとしたが、突然ハンドルもブレーキも利かなくなったと証言している。そんな強烈な体験をしているから、叔母もあの写真の顔を忘れることはなかったのだろう。

（アレが、死んだ息子を取り返しに来た――）

叔母は、直感的にそう思った。

静まり返る家の中、叔母以外の皆は、あらゆる窓から玄関にいるモノを確認しようと動き出した。

玄関の覗き窓だけでなく、リビングの窓から。或いは二階の部屋から。

そして、皆がそこで目視した。……あの、異常に頭の大きな女の姿を。

その顔は丸く膨れ伸び、大きさは体の半分以上もあったという。

不思議なことに、それを見た瞬間、皆が叔母と同じ確信を得た。

アレは、彼の遺体を捜しているのだ、と。

その後、皆がどうしたかというと、ひたすら声を殺し、彼の姿がアレに見つからないように遺体を移動し続けたそうだ。

玄関の外の異形は、一晩中あちこちの部屋の窓を叩いたり、カーテンの隙間から覗き込んだりと、彼の遺体を捜すのに動き回っていたが、ようやく朝日とともに姿を消した。

徹夜の攻防を続けた叔母たちは、これはもう親戚を通夜や葬儀に呼ぶのは危険と判断し、家族と僧侶だけで葬儀を終わらせることを決めた。

この前日の事件もあり、通夜と本葬は、相当数の僧侶の力添えのもと行われたという。

それでも、葬儀の間中、鳴るはずのない電話が鳴ったり、変な声が聞こえたりと奇怪なことは枚挙にいとまがなかった。

そして、何とか無事に葬儀を終え、斎場で最後のお別れをするという段。

叔母は、迷った末に、生前の彼の言葉を守らなかった。

そう。あの写真を……彼と一緒に燃やさなかったのだ。

大事な息子がアレのせいで犠牲になり、そのうえ死んでからもアレに付き纏われる――

そんなことは母として耐えられなかったのだろう。その気持ちは痛いほどに分かった。

けれども、お別れの会の際、叔母にお守りを渡されながら言われた言葉がずっと耳に残って離れない。

「あの写真を見て、いまだに何も不幸が起きていないのはお前だけなんだからね。とにかく、このお守りを常に携帯して、気を付けて頂戴ね……」

そうなのだ。

あとは、俺だけ。

自分でも分かっていたことだが、さすがに面と向かって言われてしまうと寒気がした。

これで、本当に終わったのか。

それとも、まだ不幸が続くのか。

それは誰にも分からないが、今もあの写真は、叔母の家で、誰の目にも触れずにひっそりと保管されている。

だから、きっと大丈夫――なかば呪文のようにそう自分に言い聞かせている。

ただ、最近、ふとアレが夢に出てくることがあるのだ。

写真をたった一度しか見たことのない自分が、彼の写した大木と墓の風景の中でアレと対峙している。顔もはっきりと見えているし、周りの風景もリアルすぎるほどにリアルで生々しい……。

あの写真の話は、これで終わりにできることを祈るのみである。

死神

石川県のとある所に大きな総合病院がある。

そこは、ずっと以前から、ある噂が存在する場所だった。

その噂とは、死神が目撃されるということである。

幽霊の存在は信じていても、こと死神に関しては、おとぎ話の世界だろ？　というのが正直な気持ちだった。

あの時までは……。


それは今から十年ほど前のこと。

父方の叔母が末期のガンで件の病院に入院していた。

当時、本人に告知はされておらず、懸命に治そうと頑張る姿に、下手なことは言えないと、会話に慎重になっていたことを思い出す。

そして何度か病状が悪化。その度に、ナースセンターに隣接されたＩＣＵ(集中治療室)に移され、二十四時間体制での看護が行われた。

近親者ということで、ＩＣＵの病室へもお見舞いをさせて貰ったのだが、何度か訪れるうちに、妙なことに気が付いた。

子供がいるのだ。

白いシャツに黒い半ズボンを穿いた、おかっぱ頭で小学校低学年くらいの男の子。

いつも同じ子供である。

最初はどこかの親が連れてきているのかな、と思っていたのだが、どうもおかしい。

そのICUには、ベッドが何床かあり、常に重篤な患者さんで埋まっていたのだが、その子は見るたびに違う患者のベット脇に陣取り、食い入るように患者の顔を見ている。

いや、見ていたというよりも、冷たく観察していたというのが正解かもしれない。

あまりに目につくので、一度、看護師にクレームを入れた。

が、看護師は一瞬顔を曇らせたものの、気を付けますね、と素っ気無い返事しか寄越さない。

それからも、叔母がICUに入る度に、その子供を見かけた。相変わらず色々な患者の元に張り付いていたが、叔母のそばにいることも増えた。

しかし、そのうち、そんな子供に気を留める余裕も無いほど叔母は重篤な状態になり、俺の頭からもその子供のことはすっかり消えていた。

そして、秋になった。

叔父から、今晩もたないという報せが入った。

急いで病院に駆けつけると、あの子供がいた。

枕元でじっと叔母の顔を覗き込み、ニヤニヤと笑っている。

医者や看護師は忙しなく作業をしていたが、彼らにもその子供が見えているであろうことは、動きで分かった。

なぜなら明らかに、その子供がいる場所、右の枕元を避けるように動いていたからだ。

そして、いよいよという時になると、最期にひと目顔を見ようと、親族が大勢集まってきた。

ここまでくると医者は手を尽くしたのか、少し距離を置き、見舞いに来た親族の邪魔をしないように静かに見守っていた。

皆が代わる代わる意識のない叔母に話し掛ける。

どうも彼らには子供の姿が見えていないらしい。

俺はもうその子供から目を離せなくなっていた。

親族に混じって叔母を見つめるニヤついた表情が恐ろしくてたまらなかったからだ。

何より、その頃にはもう確信があった。

きっと……この子が、噂の「死神」なんだろうな、と。

小さな死神は、最期の最期まで、部屋の隅に立って叔母を見つめていた。

その晩、夜明けを待たずに叔母は亡くなった。

ずっと子供の様子を窺っていた俺は、最期の瞬間、尻の溝まで総毛だった。

子供の顔つきがガラリと変わったのだ。

それはこれまでのニヤニヤとした表情とはまったく別の、得も言われぬ満足感をたたえた笑顔だった。

そして、気が付くともう、子供は別の患者のベッドに張り付いていた。


あの子供が死をもたらしたのか、単に死を告げに来たのか、それは分からない。だが、確かに存在していたし、病院関係者には見えていたと思う。

思い返せば、普段の子供の顔は妙に無機質・無表情で、まるで人形のようだった。それがとてつもない恐怖となって今思い出される。

もしあなたが病院で、子供を見かけたら。

それは、もしかすると死神なのかもしれない。

予知夢

高校時代の友人から聞いた、小川さんの話。


小川さんはある晩、変な夢を見た。

友人のA子さんが、血まみれになって走ってくるというものだ。

翌日、小川さんはA子さんに夢の話をして、虫の知らせかもしれないから気を付けるようにと言い聞かせた。


翌週の日曜日、彼女はA子さんの運転する車でドライブに出かけた。

が、そこで彼女の記憶は完全に途絶えてしまう。

次に気が付いたのは数日後。

病院のベッドの上だった。

目の前には心配そうに声を掛けるA子さんの姿。

聞けば、ドライブ中に衝突事故を起こし、頭を強く打った小川さんは、数日間、危険な状態が続いていたのだという。

そして、事故の際、血まみれになりながら走って助けを呼びに行ったのがA子さんだったらしい。

小川さんが見た夢は、彼女自身を助けるために走っているA子さんの姿だったのだ。

その事実を知ってから、小川さんはゆっくりと息を引き取った。

(だから気を付けてって言ったのに……)

「あの時の恨みがましい表情が忘れられないんです」

A子さんは溜息をついて項垂れた。

喪中はがき

美夜さんには遠距離恋愛の彼氏がいた。

遠距離になる前は、いつも何処へ行くにも一緒だった。

彼女は彼がいない世界など想像もできなかったし、彼も彼女以上にその想いが強かった。

だから彼はいつも言ってくれた。

美夜を絶対に1人にしないと……。

美夜さんも、彼のその優しさがとても好きだった。

だから、いつもラインや電話で夜遅くまで話していた。

遠距離の溝を埋めるように。

そして、彼女が一番大切にしていたのは、彼が気が向いた時に送ってくれる手紙や葉書だった。

真面目で照れ屋な彼は、大切な話や愛の告白は、いつも文章で伝えてくれる人だった。

だから、たまに届く彼の直筆の手紙が待ち遠しかった。

クリスマスが近づいたある晩、電話で彼氏がこう言った。

「明日、大切な用事があるから、迎えに行くよ」

その日は二人が初めて出会った記念日だった。

ただ彼女は少し不思議に思ったという。

会いに行くとか顔を見に行くと言われたことはあったが、迎えに行くと言われたことは一度も無かったからだ。

翌日、郵便受けに一枚の葉書が届いていた。

差出人は彼の両親。喪中はがき。

そこには彼が先月、他界したことが明記されていた。

（うそ、昨日も電話で話したのに……）

彼女は頭が真っ白になってしまい、ただ呆然としていた。

その時、玄関のインターホンが鳴り、声が聞こえた。


「美夜ぁ、迎えに来たよ」

電話機コレクター

これは俺の友人Mの体験した話である。

世に中には少し変わった物を集めているコレクターという人種が沢山いる。

対象は多種多様であり、コレクションする理由も、デザインや色が好きだとか、ノスタルジーを感じるだとか、人によって様々だと思うが、俺の友人のコレクションもかなり変わっている。

古い電話機を集めているのだ。それも、黒電話がメインであり、俺にはどれも同じに見えるのだが、彼にとっては一つ一つが大きく異なるのだという。

しかも、そうした電話機専門のコレクターサークルまであり、その中でも珍しいものは、かなりの高額で取引されているというのだから驚きである。

しかし、人間の喜怒哀楽と息吹を吸い取り、吐き出すのが電話機というものである。古い物の中にはやはり、〈曰くつき〉と呼ばれるものが存在していてもおかしくはない。

Mはアパートで一人暮らしをしている。

その部屋には、まるで宝物でも陳列するかのように、様々な黒電話が並んでいた。

雛飾りの黒電話版と言えば、分かり易いかもしれない。

あの段々に、綺麗に磨かれた黒電話が並べられている。

そんな彼の周りで不思議なことが起こり始めたのは一昨年の夏のこと。古道具屋で、また新しい黒電話を入手してすぐのことだった。

最初の異変は、隣の部屋に住む主婦からの苦情だった。

昼間、彼が仕事に出掛けている間に、電話が掛かってくるそうなのだが、その音がけたたましい上に、ずっと鳴り続けているのだという。

しかし、実は彼の部屋には固定電話は置かれていなかった。

そのアパートを借りる頃には確かに固定電話もあったそうなのだが、実際、連絡の殆どは携帯電話で事足りてしまっていたので、無駄だと思い解約したのだという。

まあ、実際には面倒くさがりのMのこと、電話器だけを取っ払って、いつでも固定電話を設置できるように、毎月の基本料金だけはしっかりと払い続けていたのだが。

それでも、しつこく文句を言ってくる隣人に、彼はその都度、丁寧なお詫びをしていた。

そんなことあるわけないだろ？　と、心の中で思いながら……。

次に、クレームが入ったのは大家さんからだった。

どうやら、これまた昼間、Mが留守にしている間に、誰か見知らぬ女が彼の部屋から外を眺めているのを目撃したらしい。

問題は、その女性が猫を抱いていたということだ。彼のアパートはペット禁止なので、それでクレームが入ったという次第であった。

しかし、猫はおろか、そんな女性の存在など彼には全く身に覚えがなかった。

だから、頑としてそれを認めなかったらしいが、そのうちに大家さんが根負けして、「まあ、好きにしてください。でも、目立たないようにお願いしますよ」などと言われ、そのクレームも決着した。

そして、三度目。今度の怪異はM自身が発見することとなる。

Mは、大切な黒電話を綺麗に磨いたうえで、まるでカタログの写真でも撮るかのように、受話器からの線も綺麗に揃え、寸分違わない位置に整然と並べていた。

しかし、彼が仕事から帰宅すると、電話器は指紋で曇り、受話器のコードも乱れていた。

(何故こんなことが起こるんだ？)

彼が最初に疑ったのは、昼間、留守にしている間に、誰かがこの部屋に侵入しているのではないか、ということだった。

だから、戸締まりをしっかりするようにして、玄関ドアの鍵も替えた。

が、それからも電話機の乱れは収まることはなかった。

それどころか、夜寝て、朝起きるともう、電話器に指紋がベッタリと付いているようになってしまう。

(やはり何かがおかしい……)

彼は言いようのない気持ち悪さを感じた。

とはいえ、これらの異変も収集への熱を冷まさせるほどではなかった。

そして、さらに事態はエスカレートしていくこととなる。

ある日、電話会社からの請求書を見た彼は、腰を抜かしそうになった。

請求額がとんでもない高額だったからだ。

彼はすぐさま電話会社に連絡して、部屋には固定電話が置いてないことを説明したが、全く取り合ってくれない。

ただ、あまりにも頑なに料金の支払いを拒むので、利用明細のようなものを送ってきた。

それには確かに、以前、固定電話を設置していた頃に使っていた番号からの発信履歴がずらりと表示されていた。発信時刻は連日、彼が仕事に出掛けたすぐ後と、彼が寝てしまった深夜。通話時間も異常に長く、高額の請求金額も納得できる内容だった。

しかし、そこには何処に電話を掛けたのか、ということが明記されていなかったので、彼は、再び電話会社に連絡して、その発信先を提示するように求めた。

ところが、なぜか電話会社は発信先の提示を渋った。

無論、そんなことは納得できない。しつこく問い合わせし続けると、またしても根負けしたのか、発信先の履歴も提示してくれた。

そこには、見慣れない番号が表示されていた。

早速彼はインターネットを利用して、その番号を検索した。

便利なもので、答えはすぐに判明した。

それは、東北の山間にある病院の電話番号だった。……が、とうの昔に閉鎖され、今は廃墟と化しているらしい。

彼は混乱した。全く意味が分からない。

繋がれていない固定電話の番号から電話を掛けた先が、既に廃墟と化し、電話も既に結線すらされていない廃病院だという事実。

彼は、その疑問を電話会社に尋ねてみたが、返ってきたのは、

「それが事実だということです！　説明はつきませんが……」

という予想通りの答えだった。

そうなってしまうともう、彼も不思議だとか気味が悪いだとかいうのを通り越して、何とか犯人を捕まえてやる、という執念にも似た感情に変わっていた。

一ヶ月の請求金額だけで数十万円。

なんとしてでも電話を掛けた本人に支払いをさせなければ気が済まなかった。

彼は友人から暗視対応の防犯カメラを借りてくると、念入りに部屋にセットして寝床に就いた。

そして、朝。防犯カメラの映像をチェックした彼は、そのまま会社を休んだ。

会社を休み、すぐに引越し会社に電話をしたのだ。

その日の晩は友人の家に泊めてもらい、翌日にはもう引越しを完了させるという早業だった。もう何処でも良いからと、適当に次のアパートを探して逃げた体《てい》の引越しだった。そして引越しの際、部屋にあったコレクションの電話は全て業者に連絡して、引き取ってもらったという。全て一円にもならなかった。

どうして、そのような切羽詰った強硬手段をとらねばならなかったのか――。

答えは勿論、防犯カメラに映っていた映像にある。それが決め手だったのは言うまでもない。

そこには、暗い部屋の中で正座をし、枯れ枝のような指でダイヤルを回す女が映っていた。女が使っているのは、最近手に入れたあの黒電話。女はそのまま身動き一つせずに、ずっと受話器を耳に当て続けている。その腕には、確かに一匹の黒猫が抱かれていた。

明け方、女は受話器を置くと、ぬぅっと寝ている彼の寝顔を覗き込んだ。そして、監視カメラを睨みつけると、そのままフッと消えていったのだという。

その後、引越した先で、異変は起きていない。

が、いまだに固定電話を引く気にはなれず、もう何もコレクションする気もないのだという。

その椅子を買ってはいけない

コレクターに纏わる話をもう一つ。これは知人の大瀧さんが体験した話である。

世の中には変わった趣味を持つ人が沢山いるもので、その最たるものがコレクターと呼ばれる人たちだと俺は確信している。

製造過程の検品ではじかれた不良品をわざわざ買い集めたり、造幣過程の厳しいチェックの網の目をかいくぐって世の中に出てきた失敗作の紙幣や貨幣を探し求めたり……。

おまけに、それらはかなりの高額で取引されているというのだから、尚更理解に苦しむ。

そして、コレクターの中で最も異常だと思えるのが、所謂〈曰くつき〉と言われる物を買い漁っている人たちだ。

歴史上の著名人が、死ぬ直前まで使っていた物であったり、それを所有しているだけで、災難に見舞われるという美術品を、あえて大枚はたいて買っては自己満足に浸っている。

大瀧さんも、そんなコレクターの一人だった。

彼は元々、親が会社を経営しており、それを継ぐ形で、自動的に社長という地位に就いた。

しかも、四十歳を越えた今も独身。

そんな彼だから、意味の無いコレクションに大金を注ぎ込むような暴挙を続けられたのだとは思うが、彼が集めているものは如何せん趣味が悪かった。

人が死ぬ瞬間に直接関わった物——大瀧さんは好んでそればかりを集めるのだ。

死の原因は自殺だったり他殺だったりと様々らしいのだが、とにかく全てのコレクションに共通しているのは、〈その品物によって人が死んでいる〉ということ。

例えば、首吊り自殺した人が使用したロープだったり、強盗に入り殺人を犯した犯人が使用したナイフだったりと、まさに〈曰くつき〉と言わざるを得ない。

いったいどういうルートでそんな物を手に入れられるのかと聞いたことがあるのだが、「それだけは言えない」と、薄気味悪い笑みを浮かべていた。

そんな彼から珍しく連絡が入った。

どうしても俺に見せたい物があるのだという。

正直、彼からの電話にはあまり出ないようにしていた。

用件は、間違いなく新たに入手した〈曰くつき〉に関する自慢話だったから。

しかしその日の彼は、俺が電話に出ると、珍しく落ち着いた口調で話しだした。

どうやら俺にその品物を見てもらい、意見を聞きたいということだった。

いつもの自慢げな様子は微塵もなく、久しぶりに俺は彼と会ってみる気になった。

次の週末。

彼の自宅を訪れると、待ち焦がれたという様子で玄関まで出迎えてくれた。

相変わらず一人で住んでいるという広い屋敷の中を進んでいくと、彼が常にコレクションを保管している部屋の前に来た。

その部屋は、鉄製の頑丈な部屋であり、数え切れないほどの護符が貼られている。おまけに入り口はご丁寧に電子ロックで施錠されている。

ここまでしてコレクションを集めなきゃいけないのか？

いつもそう感じてしまう。

彼が電子ロックを解除し、重たい鉄の扉を開けた。

中に入って明かりを点けると、そこには過去に見たことのある物たちに混じって、椅子がポツンと部屋の中央に置かれていた。

「これなんだよ」

彼は椅子を指差し、少しうつろな眼差しで俺の顔を見た。

そして、「どう思う？　これ」と真剣な顔で聞いてくる。

その椅子は、白木で作られており、デザインもいたってシンプル。それこそ、何処にでもあるようなごく普通の椅子だった。

しかし、その時俺が感じたことは〈普通〉ではなかった。

この椅子には絶対に座りたくない……。

自分でもうまく説明できないのだが、とにかくヤバイ感じがヒシヒシと肌に伝わってくる。

だから、俺は、その通りの感想を彼に伝えた。

すると、彼はゆっくりと椅子に近づいてこう言った。

「……この椅子は、強盗に入られて殺された女性が座らされていた椅子なんだそうだ」

以下は、彼の話の要約である。

被害者女性は、一人暮らしのマンションに侵入され、この椅子に座らされた状態で縛り付けられた。

その強盗は、いわゆるサイコパスという奴だったのだろう。

女性の手首や足首を順番に切り落としていったらしい。

それも、切れ味の悪いのこぎりで。

手首を切り落とされている間も、その女性は何とか逃げようとあがいたらしく、爪が剥がれるほど椅子を掻きむしった痕が残されている。

結局、その女性は、両手足を切断されても死にきれず、首を切断されている最中に失血死したらしい。

言われ見てみると、椅子のいたるところに酷く抉られたような引っ掻き傷が残されており、血で染まったように赤黒く変色していた。

「凄いよな？　生きたままだぜ？　きっと凄い苦しみと絶望感だったんだろうなぁ」

うっすら笑みを浮かべてそんなことを言う彼に、気分が悪くなった。

俺は胸糞の悪さを吐き捨てるように口を開いた。

「で、俺の意見が聞きたいっていうのは、どういう意味？」

ぶっきら棒に問い掛けると、彼の顔からさっと笑みが消えた。

「この椅子は、ある筋から高額で手に入れたシロモノなんだ。けど、本当に危険なほどに〈曰くつき〉なのか、今ひとつ俺には実感が沸かないんだよ。確かに、鉄の扉がドンドンと叩かれたり、中から泣き声が聞こえたりはする。だけどなぁ、何かもうひとつインパクトに欠けるんだ。だから、お前なら何か気の利いたアドバイスをしてくれるんじゃないかと思ってさ」

正直、呆れた。それだけおかしなことがあれば、十分危険ではないか。

それでもしつこく聞いてくるので、いい加減うんざりしてしまう。

だから、俺は冗談半分でこう言ったのだ。

「そんなに言うなら、部屋の電気を消して、その椅子に座ってみろよ！　俺が写真を撮ってやるからさ。そうしたらきっと、とんでもないものが写ってると思うけど？」

すると、彼は嬉しそうな顔で、部屋の電気を消し、その椅子に座った。

そして、俺は持参した愛用の一眼レフで、それをカメラに収めた。

実は、彼が俺に都度入手した物を見せたがる理由がそれなのだが、俺が趣味としていつも持ち歩いているカメラで撮ると、必ず何か得体の知れないモノが写り込む。もっともいつもは物単体でしか撮らないのだが……。

当然、彼はすぐに見たいと言い出したが、後日プリントしたものを届けるから、と言ってその日は彼の家から帰ってきた。

なぜなら、その場でカメラに写ったものを見る勇気がなかったからである。


自宅に帰り、カメラに写した画像をパソコンに表示させ、俺は絶句した。

そこには椅子に座る彼を、背後から羽交い絞めにするように抱きついている女の姿がはっきりと写っていた。

手首手足に何も付いていない、ただの棒と化した腕と脚。

首はほとんど切り落とされ、ありえないほど真横に倒れている。

女はその状態で満面の笑みを浮かべて彼を見つめていた……。

俺は寒気を感じながらも、彼のためと思い、それをＡ４サイズにプリントし、後日彼の会社に持って行った。

待ち兼ねたように迎えてくれた彼に、その写真を突きつける。

「ほらな。ちゃんと写ってるだろ。これに懲りたらもう――」

だが、そこで俺は言葉を失った。

目の前には、満面の笑みを咲かせて写真を眺める彼の姿があった。

「やはり、本当だったんだなぁ！」

至極満足げな呟きに、それ以後、彼とは二度と会わないことに決めた。

俺には、その女性の霊よりも、彼の異常さのほうが怖く感じてしまったから。

その後、彼が仕事の事故で片方の手首を失ったという噂を聞いた。

ある意味、それも彼が望む〈本物の証明〉というやつなのかもしれない……。

結界

その時、佐藤さんは霊能者から教えられた通りに行動していた。

実は彼、とあることがきっかけで、年老いた老婆の霊に付きまとわれていた。

老婆が窓の外に立っていたり、玄関のインターホンカメラにその姿が映ることも日常茶飯事になってしまっていた。

そこで知り合いを通じて頼ったのが、評判も実績も申し分ない関西在住の女性霊能者だった。

「このままでは、すぐにも貴方はあの世に連れて行かれてしまいます！」

会ってすぐ、そう言われた。

霊能者は、唯一助かる方法として一つの業を彼に伝授した。

その業は、全ての準備を彼一人で行い、一晩一睡もせずに部屋の中でお経を唱えるというものだった。

自宅に戻ると早速、仕事の休暇をとり、準備に取り掛かった。

家の至るところに御札を貼り、家の四方と、玄関、窓に粗塩を盛り、窓には内側から目張りも施した。

それから、風呂に入り、粗塩で体を擦り、冷たい水風呂に入った。

家の中には、彼の姿を見つけ難くするために、色んな場所に紙で作った人型を置いた。

そして、彼は自分の部屋に入り、内側から入り口に目張りをするとともに、しっかりした木材で補強した。

後は、心を落ち着けてお経を読むだけ……。

そう思った時、彼の耳元で声が聞こえた。

「ありがとう。もうここにいるよ……」

しわがれた老婆の声だった。

彼は震えながら、そっと振り向くと満足そうに笑う老婆が座っていた。

そして老婆の顔が彼の眼前に来た時、彼はそのまま意識を失ってしまう。

それから時間が経過して、朝の日差しで彼は目覚めた。

彼の体に異常はなく、それどころか、その日以来、窓にもカメラにも老婆の姿が映ることは無くなった。

「まったく、ひどいインチキでしたよ」

幸い、あの世に連れて行かれるも嘘だったが、老婆はあれ以来、彼の部屋に住み着いている。

百物語の夜に

〈百物語〉というものをやったことがあるだろうか？

起源には諸説あるが、日本の伝統的な怪談会のスタイルで、何人かで怪談を一話ずつ話していき、最後の百話目が終わった時には、本物の怪異が起きるとされている。

ゆえに九十九話で止めておくのが慣例であり、百物語の怪談本なども、九十九話で収めるのが暗黙の了解となっている。

俺が百物語をしたのは、今から十年以上前。

何かのサークルで旅館に泊まった際、誰かが始めたものに参加したという形である。

ただしこの時は、百話まできっちり達成するというきまりだった。

俺自身、百物語で本当に怪異が起こるのか興味があったので、積極的にその試みに乗った。

雰囲気作りのため、明かりは蝋燭一本のみ。窓や戸は完全に締め切った。

それから全員で蝋燭を囲み、輪になって腰を据えた。

そうして〈百物語〉は始まった。

参加したのは十人。一人ずつ順繰りに自分の知っている、もしくは体験した怪談を話していくのだが、そうそうネタが続くものではない。結局、半分を過ぎた辺りから、話すのは俺ともう一人だけになってしまった。

最初に、「怖くなっての途中退場は禁止」と決めてあったのだが、ある程度、話が終わった頃には、「怖いから限界！」とか「気分が悪い」という理由で、十人中三人が脱落した。

「ちょっと窓、開けるか」

「だな」

気分が悪くなったのは、締め切っていたせいもあるだろうと、少しだけ窓を開けることにした。夜風が流れ込み、心地よい。

「じゃあ、再開しよう」

「おう」

その後も残りの七人で話を回し、とうとう八十話目までできた。

その時、不意に風の流れが止まり、辺りが静寂に包まれた。

と同時に蝋燭の火がフッと消え、闇が満ちる。

皆、思わず息を呑んだが、我に返った一人が手早く蝋燭の火を点け直した。

ところが、風は完全に止まっているのに、蝋燭の火の揺れが止まらない。

そこで、あることに気が付いた。

途中退場した三人のスペースに誰かが座っている。

顔までは確認できないが、確かに空いていたはずの場所を誰かが埋めていた。

たぶん、他の参加者たちもそれに気付いているのか、全員が口を閉ざし一言も喋らない。

途中で話を止めるのも逆に怖いような気がして、平静を装ってまた話を進める。

そして、九十話を越えた頃だったか。

どこからか声が……それもお経のようなものが聞こえだした。

部屋の襖は風も無いのにガタガタと揺れ、窓ガラスには中を覗き込むように何者かが外から顔を寄せている。ここは四階だというのに……。

当然、窓の外に足場など有るはずもない。だからそれが人ではないことは明らかだった。

しかし、今のところ実害があるわけはないので、気にせず続行する。

なぜそこまで頑張ってしまったのかよく分からない。

ただ、そこで止めれば恐ろしいことが起こりそうな予感はあった。

だから、
あと少し、あと少し……。

焦る心に必死に言い聞かせるのだが、一話一話がとてつもなく長く感じた。

他の参加者たちからも、苦しそうな息遣いが聞こえ始める。

空気はより一層重くなり、息が詰まるような圧迫感に場は包まれていた。

そして、とうとう九十九話目が終わる。

その途端、誰かが悪戯したかのように、バンっと勢いよく襖戸が開いた。

蝋燭の火がぶわりと大きく膨れ上がる。

と、その明かりに照らされ、部屋の四隅に誰かが座っているのが見えた。

着物を着て正座し、部屋の四隅を固めるように座る四体の何か……。

そいつらは百話目が終わる時を、じっとそこで待っているような気がした。

(……このまま百話目まで話したら、とんでもないことになるのでは?)

そんなことを思っていると、誰かが大声を上げて立ち上がり、一気に走って部屋の電気を点けた。

これが良かったのか、それまでの怪異は嘘のように消えていた。


それから、場所を移して反省会をした。

皆、これまで抑え込んできた恐怖が一気に爆発したのか、堰を切ったようにそれぞれの身に起きた怪異を語り出した。

ある者は、隣に座ったモノから逃げられないように手を掴まれたという。

またある者は背後からずっと、囁くように話し掛けられていたという。

足を掴まれた者もいるし、横から女に顔を覗きこまれたという者もいた。

そして、最後に部屋の電気を点けた彼に話を聞いたとき、ぶわりと背中の皮膚が粟だった。

「気付かなかったか？　おまえの後ろに女が立っていて、一話終わるごとに少しずつ近づいてきてたんだよ」

そして、ちょうど九十九話目を終えた時――。

「女の手がおまえの首にのびてさ……今まさに首を締めようとする所だった」


もしあのまま、百話まで話していたら……。

そう思うと、今更ながら恐怖が込み上げ、震えが止まらなかった。

怪異は百話目が終わった時に突如起こるものではなく、それまでの間に徐々に起こり始めていくものだった。おそらく百話というのは、それまでの怪異の「総決算」として、恐るべき終止符が打たれることを意味するのだろう。

恐怖のピリオド――それは死なのか、はたまた一生消えないトラウマなのか……。

兎にも角にも、「怪談を話していると、霊が寄ってくる」というのが本当であると実感した夜であった。

怖いモノ知らず

友人に怖いモノ知らずの男がいた。

名を坂田という。

怖いモノ知らずだから、もちろんオバケも怖くない。そもそも霊の存在を信じておらず、その手のものは普段から完全否定していた。

確かに、霊感が無ければ〈怖いモノ〉自体が見えないのだから、ある意味、無敵（？）だろう。

おまけに彼の場合、周りに心配されたり注目されたりするのが楽しいらしく、一人で心霊スポットに出掛けては証拠写真を撮ってきて、友人らに自慢している。それもこれも霊感ゼロのなせるわざというべきか……まぁ、仕方のないことなのかもしれない。

こうして武勇伝を積み続けた坂田であるが、ある日、それまでとは比べ物にならぬ行為に出た。

心理的瑕疵物件、いわゆる事故物件の賃貸を見つけてきて、そこに住むというのである。

最初の物件は、昔住んでいた住人が室内で首を吊った部屋。

その後、何人か入居しているが、そのたびに怪奇現象に見舞われ、皆逃げるように退去していったという。

引越しの際、友人たちも嫌々手伝ったのだが、その間、ずっと武勇伝を聞かされ、さすがにうんざりしていた。おまけに、部屋の空気もやはり何とはなしに気持ちが悪い。荷物の搬入が終わると、皆早々に退散した。

しかし、そんな曰くつきの部屋も、霊感ゼロを誇る坂田にとっては単に家賃の安い、快適な物件でしかなかった。

気をよくした彼は再び事故物件を探し始めた。わざわざ新しい物件を探してきては、周囲に「今度はここに住もうかと思ってるんだ！」と話し、友人たちの顔が引きつるのを見て面白がっていた。

が、やがてそんな彼の行動を好ましく思わない友人も出てきた。

ある日、何処から見つけてきたのか、とんでもない事故物件を彼に紹介してこう言った。

「どうよ、お前ならここに住めるだろ？」

それは明らかに悪意を含んだ挑発だったが、恐れ知らずの坂田はいとも簡単に即答してみせた。

「ああ、勿論」と。

人づてにその話を聞いた俺は、さすがに黙っておられず坂田に忠告した。その物件の噂は以前から聞き及んでおり、おそらくガチであろうと確信していたからだ。

「なぁ、坂田。お前が今まで無事だったのは、ある意味運が良かっただけなんだよ。本当に危険な場所って、この世には沢山在るんだぜ？　あの物件は、その中でも極めつけに危険な場所だと俺は思う。悪いことは言わないから、あの物件に住むのは止めたほうが良い……いや、止めてくれ！」

しかし、彼は耳を貸さなかった。

「ふーん。それじゃあ、そういう危険な場所もあるってのを知るためにも、一度住んでみないとね」

そう、笑っていた。

結局、それから一週間も経たないうちに、坂田の引越しは決まった。

引越し先は、郊外にある二階建ての一軒家。

一見普通の戸建てだが、過去にその家で忌まわしい事件が起きていた。

被害者は、当時その家に住んでいた若夫婦と、まだ幼い三歳の娘。

傍から見ても、絵に描いたような幸せ一家だった。

ところがある日、その家の二階の一室から夫の自殺死体が発見される。

死後かなりの日数が経過しており、遺体は見るも無残な状態だったという。

そして、妻と三歳の娘は行方不明。県警による懸命の捜索も虚しく、捜査は終了、事件の真相は迷宮入りとなった。

そんな訳ありの家であっても、少し経てば借り手はつく。家賃の安さに惹かれて、何組かの家族がその家に引っ越してきた。

しかし、いずれも家族の誰かが原因不明の突然死を遂げたり、精神に異常をきたしたりして、早々にその家から出て行った。

そんな恐ろしい家に、彼は住むのだという。

周りから注目を集めたいという、ただそれだけの理由で。


引越し当日、友人たちに手伝いを断られた坂田は、業者に頼んで家財道具を運び入れた。さすがに皆、そこまでは付き合えないと思ったのだ。

最初の怪異は、引越しが終わり、彼が家の中をスマホで撮影して回っていた時に発生した。

それこそ営業用のプロモーションビデオか、ドキュメンタリー映画でも撮っている気分だったのだろう。玄関を入るところから始まって、リビングにキッチン、浴室にトイレと舐めるように撮影した後、今度は二階にあがり、三つある洋間を順に撮影した。

彼は、その時撮影した動画をドヤ顔で俺たちに見せてくれたのだが、どこもかしこも新築のように綺麗だった。だからこそ、それに見合わぬ家賃の安さがなおさら不気味で、物件の深刻さを裏付けているように思えた。

肝心の怪異に話を戻そう。

最初に違和感を覚えたのは画面の明度、家全体に広がった暗さだ。晴れた昼間だというのに、日差しの侵入を拒むかのように、その家はどんよりとした暗さに覆われていた。

そして、その動画を二度、三度と観ているうちに、最初は絶対になかったモノが映り込んでいることに気が付いた。

それは、玄関を入ったところから現れた。

〈お邪魔しま～す！〉

ふざけたナレーションとともに、ドアが開き、中が映る。

玄関の上がり框。本来無人であるはずのそこに、女がいた。

まるで彼の入室を拒むかのように、カメラを睨み、立っている。

その後、女は、リビング、キッチン、浴室、トイレと撮影を進める坂田を先回りするかのように現れ、終始画面の端に映り込んでいた。

そして、カメラが二階へと続く階段を捉えた時——。

階段の一番上で、上がってくる彼を招き入れるように待ち構えていた女の顔が、ゆらりと変化した。

それまでの睨むような表情から、うっすらと笑みを浮かべた妖しい顔つきへと……。見た瞬間、全員が総毛立っていた。

二階を一巡りし、ふたたび階段を下りて戻ってきた坂田は、ハイテンションのまま、撮影を終了する。

……が、その終了間際。

坂田がカメラの向きを変え、自分の顔を映し出した瞬間、確かに俺たちは見た。

へらへらとした彼の顔と並んで、先程の女と、さらには男性と幼女の顔までもがアップで映し出された瞬間を……。

「やべえだろ、コレ……」

誰かが呟く声が震え、掠れていた。

さすがにこれはマズいと思い、すぐさま彼にその事実を告げた。

だが、彼の目には見えないらしく、全く聞く耳を持ってくれない。

次第に周りの友人たちも呆れ果て、一人、二人と彼との交流を絶っていった。

そして、いつしか坂田の姿を見ることは無くなった。

後日、友人の一人がやはり気になったのか、様子窺いにあの家の近くまで行ったらしい。

ところが、夜だというのに中は真っ暗で、電気ひとつ点いていない。そのうち、女性の歌う子守唄のような声が聞こえてきたため、恐ろしくなって退散したという。

それからさらに何週間も過ぎると、皆もう彼の噂すらしなくなった。

ふたたび坂田の消息を聞いたのは、一ヶ月後。

窓を内側からドンドンと叩いているところを近所の人に通報され、そのまま警察に保護された。

彼はその時、包丁で自分の左手の指を輪切りにし、それを叩いて窓に貼り付けていたのだという。発見された時、すでに左手の指は親指しか残っていなかった。

検査の結果、坂田の精神は完全に崩壊しており、もはや片言の言葉しか話せない状態であった。そのまますぐに精神病院への入院が決まった。

一度、お見舞いに行った友人の話を聞いたことがあるが、重度の患者が入れられる独房で、ずっとひとり壁に向かい、喋っていたそうである。

まるで、目の前に誰かがいるように……。

その顔は至極、幸せそうだったという。

この家は、金沢市の郊外に今も実在している。

自殺サイトの恐怖

インターネットの世界には、通常、一般の人は目にすることが無い場所も存在する。UG（アンダーグラウンド）というのがそれに当たるのだが、実際、とても正視できないようなグロい画像や動画、依頼者に代わって呪いを実行するサイトや、殺人を代行するサイトなど、本気で関わらないほうがいい世界が広がっている。

そうしたUGのひとつに、自殺サイトというものがある。事件になったこともあるので、ニュースで耳にした方もおられると思う。

今回の話は、そうした自殺サイトに遊び半分で顔を突っ込んでしまった友人の話である。

彼女は三十代半ばの会社員。ここでは仮に美奈子さんとする。彼女は、独身ということもあり、仕事から帰るといつもインターネットで楽しめそうなサイトを探していた。が、その〈楽しめそう〉というのが曲者だった。最初は笑えたり、面白い知識が得られるサイトを好んでいたようだが、そのうち、美奈子さんはより刺激的なものを求めて、熱心にネットの海を探し始めた。そうして辿りついたのが、UGという世界だった。

この世界の怖い所は、特にパスワードを知らなくとも、ブラウザのセキュリティレベルを下げてやれば、誰でも簡単に入り込めるという所にある。

彼女が初めて覗いたUGサイトはとてもマニアックで、閲覧数も少なく、それでいて、通常では絶対に見られない画像や映像の宝庫だった。それこそ数限りなく存在し、自由に閲覧できるという特異性、そしてタブーに触れているというスリル感が、あっという間に彼女をその世界へと傾倒させていった。

まるで、自分が特別な人間になったかのように感じていたのだ。

そんな彼女の目に、幾つかの自殺サイトが留まった。

ひとくちに自殺サイトと言っても、中には変な話、健全なものもある。だが、彼女が辿りついたのは、どうやらUGの世界でも特に危険な、最下層に位置するサイトだった。

UGは底が深く、通常辿り着けるのはギリギリ法に触れない程度の深度までである。そこまでならば、一定のルールやマナーも機能していることが多い。だが、それ以上は真の闇。普通の人間が行くことはできないし、行くべきではないのだ。

だからなぜパスワードも高度な専門知識も持たない彼女が、最下層のサイトまで辿り着けたのか、それが謎だった。だが後日、実際に彼女から見せて貰ったサイトは、確かに最下層らしきものだった。

ただ、どう考えても説明がつかないのだが、そのサイトでは、自殺成功者の自殺直後の遺体を画像でアップしていた。そんな画像を手に入れることは、警察関係者ですら難しいと思うのだが、実際にそのサイトでは、サイトに自殺予告を書き込んだ個人やグループの遺体画像が、続々とアップされていた。閲覧者たちは、その画像を見て賞賛したり、評価したり、各々の感想を書き込んでは盛り上がっていた。

美奈子さんは、すっかりそのサイトにはまってしまったのだ。

当然、彼女はそれまで自殺など考えたことも無かった。だが、サイトを覗けば、真剣に生きる道を否定し、死こそが唯一の幸福であるという思想で満ち溢れている。それは彼女にとって新鮮な衝撃であり、生きることに喜びを感じている側としては、ある種の優越感を覚えるものだったのかもしれない。

ただし、この手のサイトでは自殺を否定することや生存への意義を唱えることはタブーとされている。彼女もその流儀に従い、しばらくは黙って掲示板を閲覧する日々が続いた。が、彼女はここで大きな失敗をしてしまう。日に日に掲示板へ書き込みしたいという気持ちが強くなり、ついに抑えられなくなってしまったのである。

〈はじめまして。○○と言います。ずっと自殺に憧れていました。色々と教えて頂けると嬉しいです〉

最初の書き込みはこんな感じだったと思う。

すると、すぐに反応があった。どのレスも優しく丁寧で、彼女はもう完全に自殺志願者になりきって以降も書き込みを続けた。

そしてある時、彼女にひとつの誘いが掛かる。

〈一緒に自殺しませんか?〉

こんな書き込みであった。

当然、彼女に断る理由はない。またしてもなりきってその誘いに乗っていると、どんどん仲間が増えていき、最終的に彼女を含めて男女四人の自殺メンバーが決定してしまった。

勿論、彼女に自殺する気はない。当日は急用で行けなくなったことにしよう。そもそも他のメンバーも、本当に本気なのか分からないんだし……と、高をくっていた。地下サイト特有の完全なる匿名性が彼女の気を大きくしていたのだろう。万一何かあったとしても、身元がバレるはずもないと安心しきっていた。

かくして、掲示板で決めた自殺決行日。彼女は、当然のことながら待ち合わせ場所である関東のとある場所には行かず、普通に仕事をしていた。

だが、仕事から帰宅すると、さすがにどうなったのかが気になってくる。そこで恐る恐るサイトを開いてみた。

すると、そこには、当然のようにそのグループの自殺の成功を称える言葉が遺体の画像とともに掲載されていた。

だが、彼女を震撼させたのはそれではない。その下に記された一文のほうだった。

〈石川県○○市の○○○○が参加せず、他の実行メンバーたちは、彼女を恨み、苦しみ

ながら死んでいった〉

最初、何が起きたのか分からず呆然とした。が、すぐに恐怖が込み上げ、今度はパニックになった。

彼女が利用していたサイトには、自分のプロフィールを登録するような設定はなく、当然そのサイト内で、自分の個人情報を書き込んだことはなかった。

なのに、どうして……？

頭の中が真っ白になってしまい、何も考えられなかった。

……という経緯があり、俺が呼ばれることになるのだが、無論、良い気はしなかった。実際、彼女のマンションに行き、彼女の口からこの話を聞いた時も、呆れて言葉が出なかったくらいだ。そもそもこれは完全に彼女の蒔いた種であり、責任は彼女にある。彼女のした行為は、明らかに悪ふざけが過ぎていた。

「自分が招いたことでしょう？　どうなっても自業自得だよ！」

ただ、美奈子さんの兄から頼まれていたこともあり、彼女自身も心から反省しているのがよく分かったので、できる範囲で助ける努力をすることになった。

通常、サイトを運営していれば、書き込んだ相手のグローバルＩＰアドレスというものが全て見えている。そのＩＰアドレスを辿れば、大体どの辺りからアクセスされているのかが分かるのだ。そういう情報を抜くためのソフトがあることは俺も知っていた。

ただ、ここまで具体的に詳細を知られているとなると、それだけでは説明がつかない。サイバー警察、もしくは、彼女がインターネット契約をしているプロバイダ以外には考えられなかったが、現実問題、警察やプロバイダがそんなリスクを犯すはずもなかった。

これは、もっと情報が欲しいということで、彼女の許可を得て、彼女のパソコン画面の共有と、パソコンをリモート操作できるように設定して、その日は帰路についた。

それから俺は彼女のパソコンを監視しつつ、例の掲示板も常にチェックするようにした。

すると、驚くべき書き込みがまたあった。

彼女の実名、住んでいるマンションの名前と住所、そして電話番号……。それら全てが彼女の顔写真と共に晒されていた。

そして、驚くべきことに、彼女がサイトを利用した理由、また、偽の自殺希望者だったことまでもが明かされていたのである。

これはもう、俺だけの力ではどうにもならない……。そう思った俺は、信頼できる知り合いに助けを求めることにした。その知人は自分でもUGにサイトを持っており、かなりそうした世界に精通していた。

彼に件のサイトの調査を依頼すると、ほどなく返事が来た。「説明するから、とにかく来い」と言うので、急いで彼の家に行くと、青い顔をした彼がやつれ果てた様子で出迎えてくれた。

「何か分かったのか？」

部屋に入るやいなや尋ねると、彼は重い口を開いて語り始めた。

それは、俄かには信じられぬ内容であった……。

彼曰く、まずそのサイトは、実在しない。

ネット上には、確かに存在しているが、そのサイトのＩＰアドレスを辿ってみたところ、そんなＩＰは存在しないというのだ。

ＩＰアドレスは、0.0.0.0. から 255.255.255.255 の中に絶対に存在する。だが、このサイトのアドレスは全てが四桁であり、それも 4444.4444.4444.4444 という曰くつきの数字だったというのだ。

これはもう、この世界のサイトとしては、ありえない——。

彼はまだ青い顔で身震いすると、口の端を歪めてこう言った。

「俺も、自分の持ってるサイトは結構ヤバイと思ってたけど、この世界には、もっともっとヤバイ世界が存在するんだな……。その女性を助けたいのなら、頼むのは俺じゃなくて、君の知り合いが沢山いる、アッチの世界になると思うよ」

そこで俺は、霊能力抜群の知り合い、いつものＡさんに頼み込んだのである。

Aさんに話を聞かせると、私では無理かもしれないので……と、彼女のお知り合いのさらに除霊の力が強い女性を連れてきてくれた。

そして、三人で俺の部屋のパソコンを使い、彼女のパソコンを遠隔操作して件のサイトを閲覧することにした。

「これなんですけど……」

まずサイトを開いて二人に見せる。すると、見るなり二人は目を剥いて仰け反った。

なんと、俺の目には普通に見えている画面が、二人の目には呪いの言葉でびっしり埋め尽くされたものに見えるらしい。

「これは、訪れる者を自殺へ追いやるサイトですよ……。勿論、サイトの管理人はこの世の者じゃない。世を恨んで自殺した死者により運営されているんだと思います」

そして、例の掲示板のほうを見ると、すでに、俺や今日部屋に来てくれている彼女たちの名前がはっきりと書き込まれており、思わずぞっとしてしまう。

そして、次の瞬間。

「動かないで！」

Aさんが大きな声を出した。

はっとして息をつめると、パソコンの画面を見つめる俺たち三人の後ろに、沢山のモノが立っている気配がした。耳を澄ますと、ヒソヒソと話す声も聞こえてくる。

それらが人間ではないことは、俺にもすぐに分かった。

しばらく固唾をのんでじっとしていると、後ろの気配は、フッと消えた。

が、ほっとしたのも束の間、今度は死んだようにぐったりと倒れている美奈子さんの画像がアップされた。

「彼女が危ないです！」

Aさんの声に、急いで家を飛び出し、彼女の部屋へ向かう。

その途中、Aさんが言った。

「もしかすると、さっきの画像は罠の可能性もあります。ですから、警察に連絡して、同行してもらったほうが良いでしょう」

俺はただちに警察に電話した。

無論、本当のことを言っても信じてもらえない可能性が高いので、適当に「不審者を発見しました！」という通報を先に入れておいた。

そして、彼女のマンションに到着してみて驚いた。警察が予想以上に来ており、驚くとともに、もしかし本当に彼女は……と不安になった。

自然、彼女の部屋へと向かう足が小走りになる。

そして「関係者です、関係者です！」と言いながら彼女の部屋へ近づくと、折しも彼女が救急隊員に担ぎ出されているところだった。

「彼女は!?」

そう聞く俺に、警察は困ったように眉を寄せた。

「何か凄い恐怖で、ちょっと精神が……」

その後、現在に至るまで、彼女は一向に回復する兆しがなく、今も精神病院に入院している。おまけに幾度となく、自殺を図った。

恐ろしい話である。

その自殺サイトは、今もひっそりと地下に存在する。

許してくれない

彼を紹介されたのは、あるライブの打ち上げの席だった。

年の頃は三十代前半、メタル系のかなり激しい曲を売り物にしているバンドのドラマーだった。

こうしたジャンルのバンドマンは概して派手なルックスをしているが、彼はそうした傾向には当てはまらず、ステージでも異彩を放っていた。

短髪、ノーメイク。

服はただのジーパンにTシャツ。

他のメンバーが過激なメイクとファッションで統一しているなか、彼だけが不自然なほどに普通の格好をしていたのだ。

その後の打ち上げでも、一人心ここにあらずといった様子で、隅のほうでひっそりと飲んでいる。その姿は明らかに浮いていて、気軽に声を掛けるのは躊躇われる雰囲気だった。

何となく気になりつつも他のメンバーたちと盛り上がっていると、自然と話題が彼のことになった。

色々と聞いてみたのだが、やはりバンド内でも少し浮いているらしい。

とはいえドラムの腕は確かであり、性格も明るくはないが誠実で真面目。一緒に活動する分には問題ないのだという。

ただ、プライベートに関しては全くの謎だった。前のドラマーがやめてしまい、ライブハウスにメンバー募集の張り紙をしたところ、それを見て連絡してきたのが彼だという。腕がいいので即採用となったが、個人的なことは何も話さないし、こちらからは聞きづらい。結局、これまでの経歴や普段何をしているのかということについては、誰も何も知らないままだった。

それを聞いて、がぜん興味を持ってしまった俺は、思い切って彼に話し掛けてみようと思った。

すると、同じくバンド関係の飲み会ということで参加していたAさんがやんわりと止めてきた。関わらないほうが良いですよ、と。

「え、なぜですか?」

「いえ……とにかく」

はっきり言わないAさんに、ますます彼への興味が増していく。

結局、Aさんは一次会の途中で帰ってしまった。

十一時過ぎ、いったんお開きとなった。ずっと話し掛けるタイミングを待っていた俺は、今しかないと彼の背に声を掛けた。

「あの、一軒だけ付き合えませんか？」

いきなり話し掛けられた彼は足を止め、少し怪訝そうな顔をして俺を見た。

あ、これは駄目かと思った時、ぼそりとした声が返ってきた。

「別に……構いませんけど」

返事は意外にも諾。

気が変わらないうちにと早速行きつけのバーへ足を向けた。


店に着き、それぞれ水割りを注文する。

さて、何から聞いてみようか……。

頭の中で考えを巡らせていると、彼のほうが先に口を開いた。

「Kさんって、見えるんですよね？」

「えっ」

予想外の質問に、一瞬面食らう。

「はぁ、まあ、適当に……」

間の抜けた返事を返すと、彼は俯いていた顔を上げ、食い入るように俺の目を見つめてきた。

「私の後ろに、誰かついてるのが見えますか？」

真剣な顔にドキリとしたが、とくに何も見えなかった。

「いや、何も見えませんけど」

彼はホッとしたように表情を緩めると、一気に水割りを飲み干した。

そうして空になったグラスに視線を落とし、またぽつぽつと語り出す。

「集団自殺サイトって知ってますか？　以前はよくニュースにもなっていたと思うんですが……」

「ああ、はい。勿論知ってますよ。それが……何か？」

彼は手の中のグラスをきゅっと握ると、躊躇いがちに口を開いた。

「実は私も以前、自暴自棄になっている時期がありまして……。その時にそういうサイトを利用したんです。もう何もかも嫌になってしまって……」

正直、驚いた。まさかそんな話になるとは思わず、少々ぽかんとしてしまう。

が、興味はあった。

「そうですか……。まあ、そういう時期って誰にでもありますからね。でも、自殺まではいかなかったんですよね？」

内心の驚きを隠してそう聞くと、彼はゆっくりと首を横に振った。

「実行したんですよ。集団自殺ってやつを。だから本当なら生きてこんな所にいられなかったんです。でも、何故か私一人だけ生き残ってしまって……」

そこまで聞くと、俺は少し険しい顔つきになっていたのかもしれない。

彼は、慌てて、こう付け加えた。

「あっ、勿論、今は生きてるのが楽しいんですよ。死にたいなんて全然思ってないですから……」

俺はそれを聞いて、妙にホッとしたのを覚えている。

だがそれもつかの間、その後に彼が続けた話は、俺の胃を重くさせるのに十分だった。

でもね。許してくれないんですよ。一緒に自殺した奴らが。

勿論、初対面の相手だし、お互いの名前も知らないんですけど。

なぜお前だけ生きてるんだ？　ほら、一緒に行こう……。

そう言って、度々現れるんですよ。

死ぬ間際、余程苦しかったんでしょうかね？

あいつら皆、苦しそうな紫色の顔をしています。

寝ると必ず夢の中に現れるので、今は仮眠程度の眠りしか取らないようにしてるんです。

まあ、いつかは私もあいつらに連れて行かれるんでしょうね……。

「だから、今はドラムを叩いている時だけが楽しいんです」

話の最後、彼はそう言って寂しそうに笑った。

そして、水割りをさらに一杯飲み干すと、

「深酒すると、あいつらが来ちゃうので、今夜はこれで帰ります！」

そう言って席を立った。

引き止める言葉が見つからなかった俺は、そのまま彼に会釈をして、彼が店から出て行くのをぼんやりと席で見送った。しかしやはり気になってしまい、次の瞬間、弾かれたように店の外まで飛び出した。

何か。何か、俺が役に立てることはないのか……。

けれども、廊下を歩いていく彼の後ろ姿を見た途端、絶句した。

少し俯き加減で歩く彼の背に、紫色の肌をした男女が三人、纏わりつくように肩口から彼の顔を覗き込んでいた。

そのまま彼と三人は下りのエスカレーターへと飲み込まれるように消えていった。

結局、彼に声を掛けることはできなかった。

それから暫くして、彼が所属するバンドのドラマーが入れ替わったという噂を聞いた。

今は彼の無事を祈るしかない。

死者からの電話

これは、我が家の体験談である。

俺には娘が一人いるのだが、その娘が小学四年生の時、実際に起こった話である。

ある日の晩。夜の十時くらいであったか、家に電話が掛かってきた。

取ったのは娘である。

「うわぁ、久しぶりだね～、元気だった？」

どうやら懐かしい友達からだったようで、そのまま喜んで話し込んでいた。よほど嬉しかったのだろう、声が弾んでいる。

そして長電話の後、にこにこと妻にこう言った。

「今の電話ね、A子ちゃんからだったよ！　突然転校しちゃったから心配してたけど、凄く元気な声だった。また電話するって！　あとね、今度、うちに遊びに来たいって言ってたよ！　楽しみだなぁ」

その瞬間、妻も俺も一瞬、固まった。

思わず見合わせた妻の瞳が微かに揺れている。

――それには訳があった。

A子ちゃんというのは以前、娘ととても仲の良かった女の子なのだが、夫婦仲が悪かったのか両親が離婚してしまい、それを苦にしたお母さんがA子ちゃんとその弟を道連れに高い橋の上から身投げし、無理心中してしまったのだ。

このことは、学校側とPTAが協議した結果、子供たちへの精神的なショックを配慮し、伏せられることになった。A子ちゃんは親の都合で転校したと説明され、娘も当然それを信じている。だから、無邪気にA子ちゃんからの電話を喜んだのだ。

しかし、真実を知っている側はそうもいかない。

彼女が電話を掛けてくることはありえない。もし本当にA子ちゃんからの電話だったとすれば、それは……。だが、別の誰かがイタズラでこのような電話をしているとすれば、さらに由々しき問題である。

悩んだ末、学校に相談した。

すると、驚いたことに同じ様な電話が娘の同級生、しかも、A子ちゃんと仲の良かった数人に掛かってきたというのだ。

「とにかく、学校側としては表に出ないよう気を付けて、調べてみますから。結果がはっきりするまでは、できるだけ娘さんが電話を取らないように気を配ってください」

数日後。ふたたび夜に電話が鳴った。

気を付けていたのだが、またしても電話の近くにいた娘がそれを取ってしまう。

「もしもし？　うん、わたし！」

娘の嬉しそうな顔と話し方で、すぐに相手はA子ちゃんだと分かった。

「代わりなさい！」

妻が奪うように娘から受話器を取り上げる。

「ちょっとやだ、返してよ、お母さん！」

娘は半泣きで抗議したが、妻も譲らない。

「どちら様ですか？」

硬い声で一言そう問い掛けると、はっと息を飲んだ。

「……もう掛けてこないでください」

絞り出すようにそれだけ言うと、妻は黙り込んだ。

俺は慌てて妻から受話器を毟り取り、耳にあてる。

「もしもし？　もしもし！」

少し大きな声で呼びかけるが、既に電話は切れていた。

その後、何とか娘を宥めて寝かしつけ、まだ少し青ざめている妻に、何があったのか問いただす。それは、驚愕としか言いようのない内容であった……。

最初に「どちら様ですか？」と言った妻に、相手はこう答えたという。

『あっ、○○ちゃんのお母さん？　どうして、○○ちゃんと話させてくれないの？』

ぎょっとして、息をのむ妻。

「……もう掛けてこないでください」

恐怖と動揺を必死に押さえ込み、何とかそう返す。

すると、相手の声色が変わった。

『……どうして、そんなこと言うの？　じゃあ、今度、お家に遊びにいくからね！』

そう言い残し、電話は切れたらしい。


「あれ、A子ちゃんの声に間違いなかったわ……覚えてるもの」

震える声でそう言う妻に、言い知れぬ恐怖が背筋を這い上る。

その時、突然、玄関のチャイムが鳴った。

「おい、こんな夜更けに誰だ？　非常識だな！」

眉を顰める俺に、妻はさっと顔色を変えた。

「A子ちゃんかもしれない……。だって、うちに遊びに来るって！」

妻は憔悴しきっていたので、俺が玄関に向かった。

玄関の明かりを点け、しつこくチャイムを鳴らし続ける外に向かって呼びかける。

「どちら様ですか？」

するとと、一瞬間が空き、無邪気な声が返ってきた。

「〇〇ちゃん、あーそーぼ！」

耳にした途端、ざっと鳥肌がたった。生前、A子ちゃんが休みの日によくそう言って娘を誘いに来たことを思い出したからだ。

「〇〇は、もう寝ましたから。今日は、もう帰りなさい？」

できるだけ穏やかに諭そうとしたが、相手は聞いてくれない。

「〇〇ちゃん、あーそーぼ！」

語気を強めて繰り返す。

「いや、こんな遅い時間に駄目だよ！　もう十二時過ぎてるんだから！」

「………」

つい声を荒げた俺に、一瞬相手が沈黙した。

が、次の瞬間、今度は玄関の取っ手をガンガンと引っ張りだす。

その力は尋常ではなく、それこそ、ドアが壊れそうなほどであった。こちらも必死に内ノブを掴み抗っていると、居間から妻が駆けつけてきた。

「A子ちゃん、あなたは、もう死んじゃってるの！　分かる？　お母さんの側にいてあげないと、お母さん、きっと寂しがるよ？　ね……」

ドアの向こうに優しく語り掛けると、ノブを引っ張っていた力がふっと抜け、そのままスーッと外の気配も消えたように感じた。

一呼吸おいて玄関のドアを開けてみると、入口に湿った土が沢山落ちており、取っ手も濡れた手で触ったかのように濡れていた。


その晩、もう一度、電話が掛かってきた。

今度は最初から俺が出たのだが、その声は先程とはもう明らかに違っていた。テレビのインタビューなどで誰だか分からないよう声を加工したりするが、それに似ている。どこか遠い所から届いているようなその声は、「〇〇ちゃんに、バイバイって伝えといて」とだけ言って、ぷつりと切れた。

娘には、当分本当のことは話せないだろうが、いつか真実を知った時、どんな反応をするのだろうか？

A子ちゃんはなぜ急に連絡してきたのか。遊びに来て、どうしたかったのか。その答えは今も分からないままである。

彼女は死んでいない？

友人に陶芸で生計を立てている男がいる。妻とは死別し、今は独り身であるが、彼の作品の評価は高く、工房・窯付きのきれいな家に住んでいる。

話は十数年前に遡る。ちょうど俺が三十歳を過ぎた頃、その彼が、芸術つながりで知り合った同い年の女性と、出逢ってすぐに結婚した。

本当に短期間のうちにである。

披露宴に呼ばれたのは、俺も含め特に仲の良かった友人四人。その時、彼からこう打ち明けられた。

実は妻には時間がない。

病名は伏せるが、余命は、一年弱しかないのだと。

「あいつとできるだけ仲良くしてやってほしいんだ。友達が少ない娘だからさ……。でも、凄く明るくて性格も良いんだ！　だから、仲良くして、残りの一年でできるだけ楽しい思い出を彼女に作ってやってほしいんだ。頼むよ……」

お前らは、友達としての楽しい思い出を。

俺は、夫婦としての楽しい思い出を彼女に作る。

だから、協力してほしい。

ただ、病気のことは、知らない振りに徹してほしいとも言われた。

「彼女も自分の余命は分かっている。けど、必要以上に気遣われたり、心配されたりするのが一番嫌いな女性だからさ……」と。


次の日から、色んな企画でパーティーやイベントを行った。

彼女は本当に明るく素直な娘で、俺たちとも打ち解けるのに時間はかからなかった。親しく付き合うほどに、彼女の性格の良さが分かり、俺たちも彼女のことが大好きになっていった。だからこそ、徐々に痩せていく姿を見るのが辛かった。

しかし、最初の約束通り、俺たちはあくまで何も気付かない振りを続けた。

そして、半年位が過ぎた頃、彼から俺たちに電話があった。

「今までほんとにありがとうな。感謝してる。けど、これからは……俺だけでやるから」

寂しげにそう言われた。

容態が悪化したのは、容易に想像できた。

それからしばらく。次に彼から連絡があったのは、彼女が亡くなった時だった。

覚悟はしていたが、俺たちにとっても辛い報告だった。

ただ、通夜と葬儀の際、彼と話したのだが、不思議と悲しみというものが伝わってこなかった。

人間悲しすぎると涙が出ないと言われるが、それを通り越して、とても晴れやかな笑顔を見せる彼に、俺たちは、もしかしたら死んだショックで精神が崩壊してしまったのかも……と少し心配になったほどだ。だが、今はそっとしておくのが一番だろうと皆で話し合った。

そして、彼女の一回目の命日。俺たちは彼の家に招待された。

「少しは気持ち、整理できたか?」

ふとした折、さりげなく聞いてみると、彼はきょとんとした。

「整理する気なんかないよ、何で?」

面食らったのは俺である。

「いや、何でって……。俺たちでも悲しいんだから、お前はもっと悲しいだろ? でもさ、いつまでも悲しんでいるわけにはいかないだろう? という言葉は、彼の笑顔にかき消された。

「悲しい? 俺が? 全然! だって、彼女――死んでなんかいないんだから」

彼は言う。体こそ失ったが、彼女はずっとこの家で暮らしているのだと。

元気で明るかった、あの頃のままで……。

「だから、何も不便は無いし、悲しくもないさ」

彼は、満ち足りた表情で、はっきりとそう言った。


今年も彼女の命日に皆で集まった。

「一人暮らしの癖に本当にきれいに掃除してるよな！」という俺に、

「だから、一人じゃないって言ってるだろ？　掃除もしてくれるし、料理だってしてくれる。それも、ずっと若いままだぞ！　羨ましいか？」と彼が笑う。

？？？となる俺たちではあるが、確かに、今食べている手料理も彼女が得意だった物だし、味も同じ。

それに、家の中に彼女が生きていた時と変わらない、生活臭みたいなものも確かに感じられる。

だから、そういうこともあるのかもしれない。

不思議な話だが、怖いとは微塵も感じない、あたたかな午後だった。

金沢市のバス停にて

これは、金沢市内にある三馬小学校という小学校の近くにあるバス停で、実際に体験したことである。

とにかく暑い、夏の日だった。

俺は、所用で金沢駅に向かうため、最寄りのバス停でバスを待っていた。

時刻は午後七時ちょっと前。

そこのバス停は、簡易ではあるが、屋根や囲いもあり、ベンチも二台並んでいるような、しっかりとしたバス停である。

余裕を持って家を出たので、バス停には早めに着いていた。が、時刻表を確認しなかったため、バスが来るまでかなり待たなければならなかった。

べつに待つのは構わないのだが、なにせ暑い。その日の暑さは異常といえるもので、拭いても拭いても汗が流れてきた。

真夏だから、この時間でもまだしつこく陽が残っている。さすがに立ったまま待つのは辛かった。

そこで、いつもは座らない派なのだが、バス停のベンチに腰掛けることにした。

正直、綺麗とはお世辞にも言えないようなベンチだ。いくら暑かったとはいえ、普段の自分なら絶対に避けた気がする。が、その時はなぜか座ってしまったのだ。

ベンチに座り、足元のコンクリートを見ながら一息つく。すると、唐突にあることを思い出した。

（あれ？　さっきの女の人は……？）

そうだ。

確か自分がこのバス停に向かって歩いてくる時、バス停には先客がひとりいた。

背が高くて細身の、髪の長い女性。

彼女はどこにいったのだろうか？

バス停の中で二人きりというのは苦手なので、あの時は、女性とは少し離れて、バス停の外で待とうかな、などと考えていたはずなのに。

だから確かに、女性がひとり、バス停にいたのだ。

それが、今はいない。何処かに消えてしまった。

あれから一台もバスは来ていないのだから、気付かないうちに乗っていったということはありえない。

それでは、本当に一体何処へ消えたのか？

そんなことを考えていると、さらに不思議な点がいくつもあった。

ひとつは、このバス停は、かなり頻繁にバスが行き来するポイントのはずなのに、先程からまったくバスが来る気配がない。自分が待っている路線のバスはまだにしろ、他の路線のバスも来ないのは変だ。先程から到着どころか、近くまで来ていることを示すランプも点灯していない。

そして、もうひとつ。

この一帯はかなり交通量が多い道路で、それも、朝から晩までずっと続くのが当たり前になっている。それなのに、先程から、車が通る音が一切、しないのだ。

コンビニも、学校も、商業施設だって近くにあるのに、聞こえてくるのは、直接頭の中に響いてくるような蝉の鳴き声だけ……。

（おかしい……ありえない）

この静けさはどう考えても異常だ。

俺は暑さにうなだれていた首をもたげ、前方の道路を見ようとした。

その時、道路のそれよりも先に、女性の足が視界に入ってきた。薄汚れたパンプスを履いた、異様に細い女性の足が。

（――ッ）

一瞬で顔を上げるのを止めた。

何故なら、その足はまっすぐに自分に向かって立っていたからだ。

目測で、五十センチも離れていない。

そんな至近から、こちらに向かってまっすぐに立っているなど、普通に考えれば異様でしかない。どう考えても〈人〉ではないだろう。

(――何とか、逃げる方法はないのか?)

頭の中で必死にそれだけを考える。

しかし、バスがまったく来ないこと、周囲に車が走っていないことから考えると、自分は今、何かのはずみでいつもとは違う空間にいるであろうことは容易に想像できた。

だから、どうやってこの女から逃げるか、というよりは、どうやってこの空間から抜け出そうか、と考えていたと言ったほうが正しい。

俺は、俯いたまま前方に立つ女に話し掛けた。

いや、話し掛けたというよりは、心の中で語り掛けた。

(俺に何か用ですか? 俺には何もできませんけど……)

今思えば間抜けな質問だが、その時はそれ以外、思い浮かばなかった。

すると、自分の座るベンチの両脇から、突然、返事が来る。

〈もうすぐ来るから……〉

えっ、だって、さっきまで誰もいなかったでしょ? 横には!

一瞬、ビクっとなって横目で視線を配ると、そこには、男と女が一人ずつ、自分の逃げ道を閉ざすように、真横に座っていた。完全に詰められている。

(俺が何かしたのなら、謝ります。だから……)

必死で言葉を続けた。

だが、返ってくる言葉は、先程と同じ。

〈もうすぐ来るから……〉

相変わらず、蝉の鳴き声が大きく聞こえていたが、汗はもう冷や汗に変わっていた。

その頃、俺は陰陽道に興味があり、独学で少し齧っていた。不意にそれを思い出し、覚えたての九字を唱えてみた。

(臨、兵、闘、者……)

手でしっかりと印を結びながら、口の中で小さく呟く。

九字は、法力があろうとなかろうと、しっかりゆっくり使えば、けっこう効果があると知り合いから聞いていた。

だが、やるべきではなかった。

確かに効果というか、何か作用するものはあったのだろう。

が、付け焼刃のソレは、ただ相手を怒らせるだけの結果になった。

——後悔先に立たず。空気が完全に変わってしまっていた。

しまった、ヤバイ！　と思うと同時に、横に座る二人がこちらを向き、腕を押さえてくる。もの凄い力だ。

（えっ？　それじゃ、前に立っている女は？）

押さえ込まれ、パニックになりながら視線を前に戻す。

が、女はもうそこに立ってはいなかった。

女はしゃがみこみ、俺の顔を覗き込むように、下から顔を近づけていた。

その顔は、起伏がなく、のっぺりとした造りだったが、それでも、しっかりと怒っているのは、伝わってきた。

ベンチに座ってから初めてしっかりと顔を上げたのだが、案の定、目の前の風景は異世界だった。

見覚えのない景色。

道路も舗装されておらず、ひと時代前の風景だった。

そして前方の女は俺の膝に手を置き、ぐっと力を掛けてきた……。

冷たく、重い感触。

ベンチに座ったまま両手両足を捕らえられ、もはや身動きがとれない。

腰を浮かすことすら不可能だった。

三人は口を揃えて連呼し始める。

〈もうすぐ来る。もうすぐ来る。もうすぐ来る。もうすぐ来る……〉

そして、その〈もうすぐ来る〉が〈もう来た〉に変わった時、変な古めかしいバスが、音もなくこちらに向かってくるのが見えた。

目の前で停車する。

ドアが開く。

最近この路線では見ない、後ろから乗り込むタイプのバスだった。

そしてバスの中には、こちらを覗き込むように無数の人間ではないモノたちが、乗っていた。

両脇の男女が立ち上がる。

それまで俺を押さえつけていた力が、上に引き上げる動きに変わった。

「や、やめろっ」

二人は俺の両腕を掴み、強引にそのバスに乗せようと、入口へと引き摺っていく。

どんなに抵抗しても、バスの乗り口がどんどん近くなってくる。

とうとうぽっかり開いた乗り口が目の前にくる。

俺は必死にドアのところで足を突っ張った。乗ったら最後、おしまいだということだけは肌で分かっていた。

いやだ、やめろ、やめろ、やめろ……！

頭の中で鳴り響く蝉の声が、割れんばかりに大きくなる。懸命に踏ん張って乗るまいと暴れているうちに、ふっと、意識がなくなった。

それから、どれだけ時間が経過したのだろう。

心配そうなバスの運転手さんの呼びかけで、俺は目を覚ました。

バス停で倒れているのを熱中症と思い、心配してバスから降りて、介抱してくれたのだという。

辺りはすでに陽が落ち、暗くなっていた。

助かったという思いと、まだ半分夢の中にいるような混乱した心持ちで、しどろもどろに事情を話す。

すると運転手は、不思議と驚いた素振りも見せずこう言った。

「……まあ、色々ありますけど、早く忘れたほうが良いですよ」と。

行き交う車の音。もう周りの景色は、全てがいつもの日常に戻っていた。

ただ、自分の手首と足首に目を落とせば、赤黒い手形がくっきりと残り、先程の悪夢が暑さによる幻覚ではないことを物語っていた。

夏の暑い日に体験した実話。

そのバス停は、今も自宅近くに実在している。

最終電車

その日、熊岡さんは同僚の送別会があり、仕事あがりに夜の街へと繰り出した。

彼の家は街の中心からかなり離れた田舎町にあり、できれば早々に帰路に着きたかった。が、いかんせん会社の送別会ではそうもいかない。結局、最終電車ギリギリまで付き合わされてしまった。

飲み会の最中、こっそりスマホで調べていたのだが、週末ということもあり、ホテルはどこも満室。

これはもう、是が非でも終電に乗らねばならない。

「じゃあ、元気でな。向こうでも頑張れよ！」

彼は退職する同僚と最後に言葉を交わし、急いで駅に向かった。

他の連中はまだまだ飲むようだったが、付き合ってなどいられない。酔いでもたつく足を必死で動かし、何とか終電に滑り込んだ。

座席にへたり込んだとたん、電車が動き出す。ローカル線のせいか、乗客はまばらであり、彼の乗り込んだ車両には、他に五人ほど乗っているだけだった。

（各駅停車だから、少し寝られるかな？）

そう思うまもなく、ウトウトしだす。

酔いと、車両の揺れとが何とも言えず心地よい。最近仕事が忙しかったこともあり、彼は、眠りに落ちる寸前、このままずっと寝てられたらいいのに……と思った。


それからどれくらいの時間が経ったのだろう。

うっすらと目を開けると、やけに車内が薄暗く感じた。

おまけに、乗り込んだ時とは打って変わり、車内はかなり混雑していた。

（へぇ……こんなに混むのか。まぁ、田舎とはいえ、最終電車だもんな）

それに、疲れた乗客のために車内の明かりを落としてくれるとは気が利いている。

初めて終電に乗った熊岡さんはすっかり感心していた。

そして、乗客で混雑しているのを特に気にすることなく、再び目を閉じた。

が――、何故か今度は眠れない。

まるで、潜在意識の中にある防衛本能が、「眠るな！」とでも言っているかのように……。

そのうち、不思議なことに気が付いた。

今乗っている電車は、たしか各駅停車だったはず。

なのに、彼が知る限り、まだ一度も停止していない。

急に不安になり、ゆっくりと目を開けてみた途端。

「―――ッ」

熊岡さんはもう少しで悲鳴を上げそうになった。

なぜなら、彼以外の乗客全員が、彼の顔を覗きこむようにして周りを取り囲んでいたからだ。

どの顔も、うっすらと笑みを浮かべている……。

(な、何なんだ……⁉)

咄嗟に固く目を閉じた。

たった今この目で見たものが信じられない。

心臓が恐ろしい速さで脈打ち、冷えた血が狂ったように全身を駆け巡った。

彼はパニックになった頭で、必死に今の状況を考えてみた。

何故、俺の顔を覗き込んでたんだ？

いたずら？　乗客全員でか？

……ありえない。

それとも、俺の顔に何か付いているとでもいうのか？　いや、それ以前に――。

あいつらは、本当に〈人間〉なのか……？

確かに、スーツを着ていたり、会社の制服姿だったり、ぱっと見は普通だった。

しかし、あれほど間近で見たにもかかわらず、どれ一つとしてその顔を思い出せないのは何故なのか……。

そして、もうひとつ。

先程から、電車が走っているような振動や揺れが一切伝わってこない……。

最初に乗り込んだ時は確かに、あの特有の揺れを心地良く感じていたというのに。

もし、これが電車じゃないとしたら。俺は一体、何に乗せられているんだ……？

考えれば考えるほど頭は混乱し、恐慌状態になる。

おまけに、今こうして目を閉じている間も、あの得体の知れぬ顔の群れがこちらを覗き込んでいるのかもしれない。それこそ、少し顔を動かせば、頬や鼻に触れる距離で……。

そう考えるともう、気が狂いそうだった。

と、不意に綺麗な歌声が聞こえてきた。

耳にではない、頭の中に直接……脳髄を震わすように響いてくるそれは、子守唄だった。

ゆったりとした調べは何とも魅惑的で心地良く、何度も彼を眠りに誘おうとする。
しかし、彼の中でも本能の警鐘はずっと鳴り響いていた。
(寝るな、寝るな！　寝てはだめだ……！)
このままではいけない。このままでいたら駄目だ。
熊岡さんは必死に考えた。どうすれば、良いのか……。
答えはすぐに出た。
いや、決まりきっていた。
(目を開けて、この場から逃げるしかない——)
彼は心を決めると、大きく息を吸い呼吸を整えた。
そして、膝に力を入れると一気に立ち上がり、かっと両目を見開いた。
(え……)
一瞬、視界が真っ赤に染まりぐにゃりと歪んだ。何を見ているのか分からない。
そこには最初に目を開けた時とは比べ物にならぬ、想像を絶する光景が広がっていた。
胴体からもげた手や足。
腹から臓物をふりこぼし、ピクピクと揺れ動く男。
潰れた頭から押し出された眼球をぶら下げて笑う女。

床には、血を吐きながらのた打ち回る体が、芋虫のように幾つも転がっていた。

どれもこれも、とても直視できるものではない。

「ヒイ……………ッ」

声にならぬ悲鳴が喉の奥を突き上げたその時。

不意に、ずるりと何かが網棚から落ちてくるような気配がした。

はっとして振り返った瞬間、首の皮一枚で垂れ下がる頭を揺らしながら、女が覆いかぶさるように彼の背に抱き着いてきた。

「ぐぎゅぁあああああああああ！」

絶叫。これほど大きな悲鳴を上げたのは、生まれて初めてだった。

〈うふふ、一緒に行こ……？〉

白く濁っていく意識の中、覆いかぶさる女の生暖かい息が耳元を嬲り、くふりと囁いた。

熊岡さんはそのまま失神してしまった。


次に熊岡さんが目を覚ましたのは、駅員に揺り動かされてのことだった。

彼は、車両の床にたった一人で倒れている所を発見された。

駅員は酔っ払いだと思ったのだろう、声も手つきもぞんざいだったが、自分でも気付かないうちにボロボロと涙がこぼれ落ちていた。

いつもの日常世界に戻ってこられたことが何より嬉しかった。

彼は、駅員に深々とお辞儀をすると、駅の階段を足早に下りた。

その駅は路線の終点で、彼が降りたかった駅はとうに過ぎていたが、そんなことはもうどうでもよかった。

彼は逃げるように改札を抜けると、一台だけ停まっていたタクシーに飛び乗った。

あれは夢だったに違いない。

そう、思いたかった。

だがしかし、帰宅し服を着替えていた彼は、再び戦慄した。

黒系のスーツの背が、さらに濃い色に沈んでいる。恐る恐る顔を近づけてみて、一気に血の気が引いた。

鉄錆の匂い。

背広の背中には、まるで血まみれの誰かに抱きつかれたように、ベッタリと血の痕が残っていた。

熊岡さんは、二度と終電には乗らないと決めている。

供養塚

北村さんはその日、道に迷っていた。

車で遠出したはいいものの、帰りの渋滞を避けて山道を選択してしまったのが運のつき。あれっと思った時にはもう、自分が今どこを走っているのかすら分からなくなっていた。

しかも、彼の車は大型のＳＵＶ。くねる山道は、その巨大なボディを拒むかのように、行けば行くほど狭くなっていく。あげく、燃料も残り少なくなり、今思えば、軽いパニックに陥っていたのかもしれない。途中からはただ闇雲に車を走らせていた。

そうこうするうちに、突然、開けた場所に出た。

車を降りてみると、そこは高台で、ちょうど真下に、ガードレールの付いた舗装路が見えた。しかも、今いる場所からは舗装路までは、細い砂利道が敷かれていた。

（しめた、ここから下りられる！）

北村さんは喜んだ。が、実際には人が歩いて通れるかなという程度の道である。普通なら絶対に車で下りようなどとは思わないだろう。

しかし、その時の彼には冷静に考える余裕が無かった。

早速車に戻ると、躊躇なくＳＵＶで砂利道を下りていった。

途中、脱輪しそうになったり、横滑りしたりと肝を冷やす場面もあったが、何とか無事に下の舗装路近くまで来た。

(よし、ここまで来れば……)

ゴールが見えた安堵から、油断が生じたのだろう。

気が大きくなった彼はアクセルを踏み込んで、残りの下り道を一気に駆け下りた。

車体が横に振られ、斜めになったまま下りていく。

その時、バキッと嫌な音がした。

急いで降りて確認すると、右後輪の周辺に何やら木片が散らばっていた。

北村さんは、まず先に愛車に傷が付いていないかを心配した。

そして、傷が見当たらないことを確認すると、ようやく散らばっている木片に目をやった。

黒ずんだ木肌に、何やら文字がある。

はっきりとは読めなかったが、〈供養墓〉という言葉が書かれていた。

かなり古いものらしく、墨で書かれた文字はところどころ消えていた。

(供養? 供養って何の供養だよ)

言葉の重苦しさに得体の知れぬものを感じて動揺する。が、ようやく舗装した道に出られた喜びのほうが勝った。

結局、砕けた木片はそのままに、彼はその場を後にした。

そこからの道のりはスムーズで、先程まで迷っていたのが嘘のようにあっという間に、帰途につくことができた。

一方、自宅では、「ちょっとドライブ」と言って出たきり、一向に帰らぬ北村さんを心配して、奥さんと娘さんがやきもきしていた。

「パパ、どこ行ってたの！」

「いやー、すまん、すまん」

彼は、心配のあまりプリプリしている娘を宥め、その日に行った場所のこと、そして帰りに道に迷った話などを面白おかしく話して聞かせた。無事、我が家に帰ってこられた安堵の前には、家族の説教すら心地よく、その時にはもう、壊してしまった供養墓のことなどすっかり忘れてしまっていた。

異変が起きたのはその晩のことだ。

深夜一時過ぎ。自室で寝ていた北村さんは、ふと人の気配を感じて目が覚めた。足元のほうに誰かが立っている。

「……早苗？」

暗闇に目を凝らしてみると、それは彼の奥さんだった。

奥さんは彼が起き上がるのを見て、低く唸るような声を発した。

「おのれ、恨めしや……やっと静かに眠っていたものを……」

そうして同じ言葉を四度繰り返すと、スーッと部屋から出て行った。

――今のはなんだったんだ……？

あまりのことに思考が追い付かない。

北村さんはしばし呆然としていたが、疲れたせいか眠気が勝ってしまい、再び寝入ってしまった。

翌朝起きると、奥さんはいつものようには朝食の用意をしていた。

「なぁ、昨晩のあれはなんだったんだ？」

「え？　何のこと？」

奥さんは全く覚えていなかった。きょとんとした顔はとても演技しているとは思えない。

「いや……何でもない」

北村さんはそれ以上追及するのはやめた。


その日から、彼にとって特別な日々がスタートしてしまう。

とにかく、何処で何をしていても、常に誰かに見られている気配を感じた。

それも、遠くからではない。すぐ近くから。

車に乗ろうとすると、今度はウィンドーに沢山の手形が付いている。

エレベーターに乗れば彼一人しか乗っていないのに重量オーバーでブザーが鳴る。ゴルフをすればボールが見当たらなくなり、買い物にいけば、買ったばかりの刺身が家に着くまでの間に、すっかり腐れてしまっていた。まだ、真夏でもないのに……。本当なら、この時点でことの重大さに気付くべきであったが、彼は、変だなぁ、おかしいなぁという程度で流してしまった。

だが、怪異はそのうち身の危険を感じるものへと変わってきた。仕事中、会社の階段から落ちたのだ。大事には至らなかったが、その時初めて得体の知れぬ恐怖を覚えた。なぜなら落ちた時、背後からもの凄い力で押されたように感じたからだ。

それも誰か一人にではなく、大勢の力に突き飛ばされたかのように……。

もちろん後ろには誰もいなかった、北村さんひとりだ。

念のため病院へ行った帰り道、今度は乗ったタクシーが事故を起こす。

幸い軽い打撲で済んだが、運転手がしどろもどろで警察に状況説明しているのを聞いて、ギクリとした。運転手が言うには、黒い人間の群れが急に目の前に現れたので、それを避けようとしてガードレールに激突したというのだ。

不運が続き、仕事までもがうまくいかなくなった。

次の日曜日、北村さんは家族が止めるのも聞かず、愛車に乗ってドライブに出た。まだ打撲の痛みが残っていたが、鬱々とした日々の連続にどうしても気分転換したかったのだ。

が、そうは問屋が卸さない。とうとう彼自身が事故を起こしてしまったのだ。

自損で済んだのが救いだが、それでも車は廃車、彼自身も救急車で病院に運ばれた。

肋骨の骨折と肺の損傷、そして、片手片足にもヒビが入っていた。

強打した顔面はまるで別人のように腫れ上がり、フロントガラスで切ったという唇の傷が何とも痛々しかった。

連絡を受けて駆けつけた俺は、初めて彼からこの話を聞いたのだった。

「やっぱり、あの供養墓がすべての始まりなんじゃないかって……」

彼自身、何が原因なのか考え抜いた末に、ようやくそのことを思い出したという。

俺は、急いで知り合いの霊能者Aさんに頼み込み、病院まで来てもらった。

病室に入るなり、Aさんは顔をしかめた。

「ちょっと……一体、何やらかしたんですか？　すごいことになっちゃってますよ！」

どうやら、北村さんが入院している病院のいたるところに亡者が立ち、彼を逃がさないように監視しているのだという。

「ほんとね、病院中、亡者で溢れかえってますから」

と、Aさんは息巻いた。

北村さんは泣きそうな声でAさんに全てを告白した。

目を瞑り、厳しい顔で耳を傾けていたAさんは一通り話を聞き終えると、強い口調でこう言った。

「まぁ、自業自得ですよね。本当は、貴方が連れて行かれるのは既に決まっているみたいなんですよ。でも……死にたくないんですよね？」

「……はい」

「本当は、貴方みたいな人は私、大嫌いなんです。だから助けたくもないんですけどね。ただ、あなたの娘さんが……娘さんの念が、貴方が連れて行かれないようにずっと守ってくれているんです。だから、やれることはやってみましょう」

そう言うと、Aさんはすぐに着替えるよう指示した。

「えっ、どこか連れていくの？　まだ怪我も治ってないんだから、それはちょっとさ……」

慌てて止めようとする俺に、Aさんはぴしゃりと言った。

「怪我で痛いのと、明日死ぬのと、どちらを選びます？」

それを聞いた彼は、慌ててままならぬ身体を動かして着替え始め、無言で俺もそれを手伝った。

Aさんは、北村さんに文字がびっしり書かれた護符を渡し、彼が寝ていたベッドには藁で作った人型を置いた。

「いいですか。亡者たちには、貴方がこのベッドで寝ていることにします。これから、病院の外まで出ますから、貴方は目をしっかり瞑って、その護符を強く握り締めててください」

「は、はい」

「途中、万が一、目を開けてしまったり、護符を握る手が緩んだりしたら、貴方だけじゃなく、私たちもただでは済みませんのでそれだけは。……いいですね？」

Aさんは声を落として念を押すと、さっさと病室を出てしまう。俺は慌てて彼の手を引き、その後に続いた。途中、看護師さんに見つかってしまい、大声で制止されたが、気に留めずそのまま進んでいく。

無事に病院の玄関を出て、裏の駐車場へと回る。急いで俺が乗ってきた車の後部座席に彼を押し込み、Aさんを助手席に、一気に駐車場から脱出した。

「もう大丈夫です」

病院の敷地から完全に出たところで、ようやくAさんが声を掛けてくれた。

ホッとした顔で目を開ける北村さんを一瞥し、Aさんは窘めるようにこう告げる。

「安心しないでください。これからが本番です。今から貴方が供養墓を壊した場所まで行きますから。道案内できますよね？」

「……はいっ」

彼の指示で一時間くらい走ると、話に出てきた舗装路らしき場所に到着する。そこから砂利道を見上げると、たしかに供養墓と書かれた木片とその残骸とが散らばっていた。

Aさんは、見事なまでにへし折られた木片の欠片を丁寧に拾い集めると、元在った場所へそれを戻す。

そして、しばらくの間、両手を合わせて目を瞑り、ブツブツと何事か呟いていた。俺たちはその後ろで黙って頭を垂れていた。

やっと目を開けたAさんは、彼にこう告げた。

「やはり相当怒ってます。許せないと……そう言っています。でも、とにかく頑張ってみてください。私たちが手伝えるのはここまでです。

「ど、どうすれば……っ」

「これから毎日、ここに来てきちんと心を込めて謝ってください。お経とかそんなものは必要ありません。誠意を持って心から謝れば、或いは許してくれるかも……万に一つの可能性ですがね」

彼はその場に跪き、必死に手を合わせて懺悔した。

涙を流しながら何度も何度も……。

そうして一時間ほど過ぎた頃、その日は病院へと引き返した。

病院に到着すると、当然のごとく待ち構えていた医師と看護師らに厳重注意を受けた。

が、それでも彼の心はもう決まっていた。

明日からもずっと病院を抜け出してやらなければいけないことがあると説得したのだ。病院関係者はもう呆れ返っていたが、最後には何とか許可してくれた。

病院からの帰り道、俺はAさんに聞いてみた。

「ねえ、やっぱり……助からないの？」

すると、Aさんから意外な言葉が返ってきた。

「いえ、助かりますよ。あの方の娘さん、気付いてないだろうけど、凄い霊力があるみたいで。その娘さんの生霊が彼を守ってますから、亡者たちといえども簡単には近づけませんからね。――もっとも、彼が本気で謝り続ければ、という前提ですけど」

そう言ってくれた。

俺は少しほっとして、Aさんにこんな質問をした。

「ところであの供養墓って、何を供養してるの？　供養墓ってことは、あの木片の下にお墓があるってことでしょ？」

すると、Aさんはふっと笑って即答した。

「知らないほうが良いですよ。怖くて眠れなくなりますから……」

迎えに来るモノ

細谷くんには同居の祖父母がいた。

夫婦仲がすこぶる良く、いつも一緒に出掛けては、何やかやと孫の彼にお土産を買って来てくれる。

孫が細谷くん一人というのもあったのだろう、それこそ目に入れても痛くないほどの可愛がりようだった。細谷くんもそんな祖父母のことが大好きで、しょっちゅう部屋に遊びに行っては、何時間も入り浸っていた。

部屋にはお香好きの祖母が焚くやわらかな香りが漂っていて、二人はそこで仲良くテレビを見たり、本を読んだりと穏やかに暮らしていた。細谷くんもそれに混じって炬燵でおやつをいただいたり、寝転んで漫画を読んだりと、のんびりと過ごすのが好きだった。

だが、そんな幸せな時間も長くは続かなかった。

冬のある日、祖母が肺炎を患い、あれよあれよという間に亡くなってしまったのだ。

雪のちらつく日。祖母は、病院のベッドで苦しそうに寝ていた。

祖父は傍らで手を握り、懸命に励まし続けたが、その目は死を覚悟してか、とても悲しそうだった。

いよいよ最期が近づいた時、祖母は何度も祖父に向かってこう言った。

「一人は寂しくて怖いよ……。だから私が死んだらすぐに来て頂戴ね……お願いだよう」

なかばうわ言のように繰り返す祖母に、細谷くんも胸がつまった。

(そうだよな、一人で死んでいくって怖いよな)

誰だってそうだ。気持ちは分かる。

祖父も同じ気持ちだったのだろう。

「何、弱気なことを言ってるんだ！　大丈夫……すぐに良くなるから。万が一、お前が死んだらすぐにワシも行くから……。だから安心してくれ、な？」

涙を隠して笑みをつくり、そう答えていた。

その言葉が何より嬉しかったのだろう。祖母は、それから何度も「本当かい？　約束だよ？」と、力の入らぬ声で繰り返しながら死んでいった。

祖母が亡くなってからしばらく、祖父は抜け殻のようになっていた。

あまりの気落ちぶりに家族は大層心配したが、同じく心配して声を掛けてくれた友人たちのお蔭で、しだいに旅行や趣味を楽しむ生き方を覚えていってくれた。そうして少しずつ元気を取り戻し、四十九日が過ぎる頃には、以前の笑顔が祖父に戻っていた。

とはいえ祖母への気持ちが薄れたわけではない。毎朝毎晩、仏壇へのお祈りを欠かすことはなかった。

異変が起きたのは、祖母が死んでちょうど一年が過ぎた頃のこと――。

ふらりと祖父の部屋へ遊びに行った細谷くんは、おや？　と思った。

一瞬の違和感。

彼はすぐその理由に気が付いた。

匂い、だ。

生前、祖母が気に入って使っていたお香の香りが鼻を掠めたのだという。

「じいちゃん、お香たいた？」

祖父に確認すると、不思議そうに首を横に振る。

「いいや、焚いておらんよ？　きっと、ばあさんがふらっと遊びに来たんじゃないか？」

祖父はそう言って、懐かしそうに笑った。


ところが、怪異はそれだけにとどまらなかった。

雪の朝、玄関を開けた細谷くんは思わず息をのんだ。

門から戸口まで、草履で歩いてきた様な足跡が点々とついていたのだ。まだ誰も外に出ていない。おまけに足跡は外から中への一通のみだった。

また、家族が寝静まった深夜、風呂場のほうから水をかぶる音が聞こえてきたこともあった。

他にも無言電話が掛かってきたり、家族の誰かが金縛りに遭ったり……。小さな怪異はもはや日常茶飯事となっていた。

極め付けは、毎晩決まった時刻に聞こえる足音だ。夜十時過ぎ、階段をゆっくりと下りてくる音が聞こえ始め、その後、廊下を踏みしめるように音が移動していく。この音は細谷くんのみならず、家族全員が耳にしていた。

その頃にはもう、家族の誰もが口に出せない恐怖を感じていた。何故なら皆、その音に聞き覚えがあったのだ。午後十時、手摺に掴まりながらゆっくりと階段を下り、一歩一歩踏みしめるように歩いていく……。それは生前祖母が、二階から洗濯物を抱えて降りてくる時の足音そのものだった。

しかし、いつまでも怯えているわけにはいかない。

思い切って音の正体を確かめることにした。

午後十時。少し前から居間で待機していると、いつもの足音が聞こえてきた。

家族全員、無言で顔を見合わせる。彼は立ち上がって部屋の電気を消すと、そーっと居間の襖を五センチばかり開けて覗いてみた。

その瞬間、予期していたこととはいえ、思わず悲鳴を上げそうになった。

白熱電球がぽつんとぶら下がる階段。そのオレンジ色の薄暗がりを、着物を着た祖母が、ゆっくりと下りてくる姿が見えたのだ。

そして、一番下まで下りきると、今度は両手で前を探るようにしながら、ゆっくりと廊下を歩いていき、祖父の部屋の前でスーっと消えた。

電球の淡い光にちらりとかい間見えた横顔。それは優しかった祖母のものではなく、まるで別人のように狂気に満ちた顔つきだったという。

震える手で襖を閉め、たった今見たことを家族に説明していると、背後でスーッとまた襖が開いた。

そこには冷たい顔で家族を見つめる祖母が立っていた。

あまりのことに、家族全員、動くことはおろか声を上げることすらできなかった。祖母は、恐怖に凍りつく家族をひとしきり眺めたのち、再び音もなく閉まった襖の向こうに消えた。

その晩はもう、各自部屋に引き上げることは諦め、居間で一塊になって朝が来るのを待った。

翌朝、朝一番で菩提寺へ向かい、家族全員で祖母の墓に手を合わせた。

住職にもここ最近の異変と、昨夜の出来事を話して相談してみたが、

「おばあさんは、きっと寂しいんだと思いますよ。だから、もっとしっかりお祈りをして

ください。毎日、朝と晩に欠かさずに。そうすれば大丈夫でしょう」

と、言うのみであった。

しかし、家族がどれほど心を込めて祈ろうと、怪異が収まる気配はなかった。

重苦しい団欒が続く中、細谷くんはふと思い出して、こんなことを言ってしまった。

「あのさ……もしかしてばあちゃん、死ぬ間際の約束を守れって言いたいのかな？」

もちろん家族は、馬鹿馬鹿しい、と一笑に付した。

が、それを聞いた祖父は顔色を変えた。

「……いや、もしかすると、その通りなのかもしれない。ばあさんは、何をするにも一途な人だったからな……。だとしたら、これはワシとばあさんの問題だ。お前たちにまで迷惑は掛けられないから、ワシはできるだけ早くアパートを見つけて、そこで一人で暮らすことにするよ」

「じいちゃん……」

「なに、心配に要らないよ。ワシが説得すれば、きっとばあさんも分かってくれると思うから。な？」

祖父は、いらぬことを言ったと後悔する細谷くんの頭を優しく撫で、そう言った。

それから数日後、祖父は近くのアパートへと移り住んだ。家族は最後まで反対したが、祖父の意思は固かった。

そして、それと引き換えに彼の家ではパタリと怪異が止んだ。

こうなると、やはり原因はあの約束だったのかと思わざるを得ない。たまに祖父が顔を見せに来るが、その度に酷く痩せていくのが心配だった。

「なぁ、じいちゃん。俺、そっち行こうか？」

一度、様子を見に行きたいと言うと、祖父はぶるりと首を振った。

「いや、おまえは駄目だ。それだけは駄目だぞ！」

駄目だ、駄目だと、これまで見たこともない怖い顔をして頑なに拒む。

それでも心配だった細谷くんは、学校の帰り道、遠回りして祖父の住むアパートまで行った。

通りの物陰から、祖父の部屋の窓に目を凝らす。

テレビでも見ているのだろうか。卓袱台の前にぼんやりと背を丸めて座る祖父の姿が見えた。疲れた顔をしている。そして、その背中には祖母が……ぴったりと張り付くように腕を回し、抱き着いていた。

「………ッ」

細谷くんは悲鳴を飲み込むと、そのまま脱兎のごとく逃げ帰った。

それからはできるだけ祖父のことは考えないようにした。

考えると、祖母がやってきてしまう気がして怖かったのだ。

やがて祖父が家に来ることも絶え、電話も掛かってこなくなったのだが、最後に一度だけ祖父からの電話があった。

「……サトシか？」

「う、うん。じいちゃん？」

受話器から聞こえる息遣いは震え、祖父の声は酷く怯えていた。

その時、細谷くんは初めて祖父の弱音を聞いた。

「サトシ……、ばあさんが………助けてくれ………」

「じいちゃ……」

何とかしてやりたいという思いが突き上げ、細谷くんは受話器を握り締めた。

だが、祖父の声のすぐ後ろから聞こえてくる、祖母の声らしき笑い声を聞いてしまうと一気に恐怖に支配され、何も言葉が出てこなかった。

祖父は、そのまま自ら電話を切った。

数日後、警察から電話が入る。

祖父がアパートで自殺したという報せだった。

急いで駆けつけると、そこには、変わり果てた姿の祖父が横たわっており、とても直視することはできなかった。

アパートを引き払う際、細谷くんも手伝いに行った。

けれども部屋に踏み入れた途端、込み上げる吐き気に、逃げるように外へと飛び出していた。祖母が好きだったあのお香の香りが、噎せ返るほどに充満していたからだ。

話は、これで終わりである。

その後、彼の家では一切、怪異は発生していない。

しかし、最後に彼はこう言った。

「警察の検死じゃ自殺だって結論だったけどさ。俺から言わせると、自殺なんかじゃないよ。いや、可能性としてそういう見方もあるのかもしれない。あるんだろうさ、きっと」

——自分の首を、自分の手で絞めながら一八〇度回転させることが可能なら、だけどね。

吐き捨てるようにそう言って、細谷くんは窓の外を見た。

怯えきったその顔が、今も俺の脳裏に焼き付いている。

約束

これは、小学校の先生をしている友人から聞いた話である。

彼女は、金沢市内の小学校で二年生のクラス担任をしている。

彼女のクラスにはA子ちゃんという女の子がいるのだが、家庭環境が複雑で、友人も特にしっかりとサポートするように気を配っていた。

A子ちゃんの不幸は、父親がギャンブルにハマった時から始まったという。それまでは優しい父親であったというが、ろくに働かなくなり、ついには多額の借金を残して行方知れずになってしまった。残されたお母さんは仕方なく実家に身を寄せたものの、生活は苦しく、A子ちゃんの服や文具はいつも誰かの使い古しだった。クラスではよくそのことをからかわれ、A子ちゃんはそのたびにじっと耐えていた。

そんな矢先、A子ちゃんのお母さんが病に倒れた。ずっと我慢してきたのか、入院した時にはすでに手の施しようがないほど病が進行していた。

しかし、周りの大人たちは、お母さんがそれほどに酷い状態にあるとはA子ちゃんに言えず、A子ちゃん自身も、そんなことは微塵も考えたことはなかった。

なぜなら、お母さんがA子ちゃんの前でだけは気丈に、元気一杯に振る舞っていたから。

「もう少ししたら元気になるからね！　そうしたら、一緒に楽しい所に行こう。お弁当持って、動物園とか遊園地とか……。だから、A子ちゃんは、勉強頑張ってね！　そうしたら、母さんもうんと頑張って、もっともっと早く退院するからね」

「うん！　私、勉強頑張る。だから約束ね、お母さん！」

　二人のやり取りを聞いていると、看護師も見舞客もついつい涙が溢れてきて、それを隠すのに苦労したという。

　実際のところ、お母さんの状態は完全なる末期で、日々余命を削り取っている段階であった。あとは、どれだけ多くの時間、A子ちゃんと過ごせるのかという感じであり、いつも病室では苦しそうに呼吸し、痛みに顔を歪めていた。

　それでもA子ちゃんが見舞いに来ると、嘘のように笑顔で話すお母さん。その姿を見ていると、誰もが母親の強さ、偉大さを感じずにはいられなかった。

　そんなある日、A子ちゃんは学校が終わると、満面の笑みを浮かべてお母さんの見舞いにやってきた。

「お母さん、私、お母さんに早く元気になってほしかったから、お勉強すごく頑張ったんだよ！　そしたら、作文で賞を貰ったの。今度の授業参観の日に、それを皆の前で発表するんだ！　今日も先生と一緒に作文を読む練習をしてたの。だから、お母さん、日曜日は絶対に観に来てね。そしたら、病気なんてすぐ良くなると思うよ！」

A子ちゃんは、自分が勉強を頑張れば、お母さんの病気が良くなると、本気で信じていた。自分の頑張りで、お母さんの病気を治せるのだと。

お母さんは、そんなA子ちゃんの気持ちが嬉しくて、泣きながら「ありがとう、ありがとうね」と繰り返していた。そして、にっこりと微笑むと、

「A子のお蔭でお母さん、元気が出てきた。だから授業参観、絶対に見に行くからね」

と、元気そうな声で答えた。

A子ちゃんの頭を優しく撫ぜるお母さんに、A子ちゃんが幸せそうに微笑み返す。

その様子に、看護師たちはもう、胸が塞がれる思いだった。

お母さんの余命はもう僅かしかない。それどころか、今生きていること自体がすでに奇跡の状態だった。

だが、それから授業参観までの数日間、お母さんは頑張った。A子ちゃんとの約束を……恐らく最後となるだろう約束を果たすために。

そして、授業参観の当日。A子ちゃんは、教室でずっとお母さんが来るのを待っていた。

(やっぱりお母さんの病気は、そんなに簡単には治らないのかなぁ?)

授業が始まる直前、ふとそんな気持ちになったのか、いつもじっと我慢している涙がほろりと溢れてきてしまった。

気付いた先生が傍に寄ろうとした瞬間、A子ちゃんの頭を優しく撫でる手があった。

ハッとして振り返るA子ちゃんの目に映ったのは、優しい笑顔で頭を撫ぜてくれる大好きな人。

「お母さん！　やっぱり……本当に来てくれたんだね？」

そう言うA子ちゃんに、お母さんは目を細めて頷いた。

「A子が頑張ってくれたんだから、お母さんも頑張らないとね。これからは、いつも一緒よ。何があっても、どんなことになっても、いつも一緒！」

A子ちゃんは、嬉しそうに大きく頷いた。

そして、いよいよ授業が始まる。A子ちゃんは、時折チラッとお母さんの顔を見ては、照れくさそうに、だが立派に作文を読み上げた。

俺の友人である担任も、何度かお見舞いに行ってお母さんの病状を把握していたので、本当に驚いたという。A子ちゃんには気の毒だが、見に来ることは不可能だと思っていたのだ。

だが、間違いなくお母さんはその授業参観の場に来ており、他のお母さん方も、何人かはその姿を目撃していた。

そして、満面の笑みで作文を読み終えたA子ちゃんが、お母さんのほうを振り返る。と、そこにはもう、お母さんの姿はなかった。

授業参観が終わり、母親たちと一緒に下校する友達のなかを掻き分けるようにして、A

子ちゃんは、病院へと急いだ。

授業の途中でお母さんがいなくなったのは、体調が悪くなったからかもしれない。そう思ったからである。

しかし、病院へ着き、いつもの病室へ入ると、そこはもうがらんとしていた。

そして、一人の看護師がA子ちゃんの姿を見つけて駆け寄ってきた。

「A子ちゃん、お母さんね……天国に行っちゃったの。ごめんね」

そう言って涙を見せた看護師に、A子ちゃんの目からも涙が迸る。

「もしかして……私が授業参観に来てなんて、ワガママを言って無理させたから？　だから お母さん、天国にいっちゃったの？」

A子ちゃんに泣きながら尋ねられ、その看護師もそれ以上は何も言えなくなってしまった。そして、迎えに来た祖父母に連れられ、A子ちゃんはしょんぼりと帰っていった。

だが、この話はこれで終わりではない。

数日後、A子ちゃんが病院の看護師さんたちの所へ挨拶にやってきた。そして、こう言ったのだという。

「あのね、あれからお母さん、ずっと私のそばにいてくれるの！　本当に元気で優しいんだよ！　だから、看護師さんたちに、お礼を言いに来たの！」

普通、こんなことを親を亡くした子供が言えば、悲しみで少しおかしくなってしまったのかも？　と思うかもしれない。だが、看護師たちは、それが十分にありえることだと思ったそうだ。

なぜなら、あの授業参観の日。お母さんは、授業が始まる時刻のほんの少し前、自ら生命維持装置を外して亡くなっていた。……それが、娘との約束を守る唯一の方法だと悟ったのかもしれない。

その死に顔は、晴れやかな笑みを湛え、本当に幸せそうだったのを、そこにいる全員が見ていた。

俺も、その話を聞いて、きっと本当なんだろうなと思った。

生きている人間に善人も悪人もいるように、霊にも良い霊、悪い霊がいるのは当り前だと思う。その子が大きくなるまで、いや、大きくなって幸せになるのを見届けるまでは、お母さんはA子ちゃんの傍を離れないのだろう。

生死を超えた親子の繋がり。そうした霊の愛を邪魔する権利は誰にもない。

そう強く感じた出来事だった。

著者あとがき

会社の仕事としてブログを書き始めましたが、何か面白く興味を引く記事が書けないものかと、悩んだ末に書き始めたのが怖い話でした。

書き始めた当初は、こんな話で本当に読んで貰えるのか、と疑心暗鬼の日々でしたが、気が付けば徐々に話の数も増えていき、読者さんの数もそれに比例するかのように増えていきました。

現在では、全国津々浦々から本当に沢山の方々に読みに来て頂いております。

実は怖がりな私からすれば、怖い話を求めている方々が全国にはこんなに大勢いるのかと驚くばかりです。テレビの心霊番組の類にさえどきどきしてしまう私からすれば、予想外と言うほかありません。

さらに、怖い話のブログが最も良く読まれる時間帯が、午後十時~午前四時に集中しているという事実も、私にとりましては驚愕以外の何物でもありません。

そんな怖い話ですが、私が書くうえで絶対に守るべきルールが存在します。

まず一つ目は、絶対に実話しか書かないということ。

これは私の実体験にしろ、友人から聞いた話にしろ、体験した事実をそのまま書くことにしています。そのほうが、内容が怖い・怖くないに拘わらず、読者にストレートに伝わると思っているからです。

そして、もうひとつのルールは本当に危険で実害のある話は絶対に書かないこと。

残念ながら世の中には本当にその話を知ってしまうだけで、深刻な怪異が発生してしまうという危険極まりない話が実在します。

そういう実例を過去に何度も見てきましたし、何より私もそういう話によって怪異に見舞われた経験者でもあります。

その末路は悲惨であり、対処の仕様もありません。

ですから、怖い話はあくまで背筋が寒くなる程度のものでなければならない、というのが私の持論です。

怖いけど楽しく読める——そんな話をお届けすることが私の目標でもあります。実害を伴う怖い話など誰も望んではいないはずですから。

それでも、現在のブログ読者の方々の中には、そういう危険な話も裏サイトを利用してアップしてほしいという猛者もいらっしゃいます。

今現在は、そういう話を書くことを理性で制止している自分がいるわけですが、いつか気が変わって、そういう危険な話ばかりを集めた裏サイトも始めてしまうかもしれません。

やはり自分だけが知っている話を他の方々にも知ってほしいという気持ちは常に心のど

こかでくすぶり続けてもいるのです。

そして、最後のルールは、私の身の安全を最優先するということ。

実際に、ブログで怖い話を書くようになってから、私の身の周りで怪異が多く発生するようになりました。

それは気のせい、というレベルから始まり、どんとんエスカレートし、最近では身の危険を感じる程になっております。

怖い話を書いている時、私の部屋では必ずラップ音が鳴ります。

そしてそれは警告するかのように、どんどん大きくなるのです。

さらに書いている私の背後から明らかな気配を感じたり、家の中で色んな霊たちを目撃してしまうということも日常茶飯事になりつつあります。

そういう時には無理せずしばらくの間、怖い話を書くのを止めてしまうことにしています。

勿論、我が身を護るために。

そうすることで、不思議と怪異は次第に収まっていってくれるのです。

怪異が収まれば再び書き、また酷くなると休む。

この繰り返しです。

幸運にも、私の周りにはそれを生業としない有能な霊能者が沢山いてくれます。

その方たちの加護と警告、そしてアドバイスによって、私の身の安全はギリギリの所で保たれているようです。

たかが怖い話、されど怖い話です。

昔話にもあるように、話というものには必ず戒めとか教えというものが存在します。

そして、怖い話もその例外ではない、と私は考えます。

私が書く話から、色々なことを感じ、それを糧にして頂けたら……。書き手として、これ以上の幸せはございません。

最後となりましたが、いつも好き勝手なブログを綴ることを容認してくださっている勤め先の社長、私のせいで怪異に巻き込まれながらも、怖い話を書き続けることを許し、生暖かく見守ってくれる家族に感謝を捧げます。


秋の足音を聞きながら。

営業のK

闇塗怪談

2017年10月 6 日　初版第1刷発行
2018年 7 月25日　初版第2刷発行

著者　営業のK

カバー　橋元浩明（sowhat.Inc）
発行人　後藤明信
発行所　株式会社　竹書房
〒102-0072　東京都千代田区飯田橋 2-7-3
電話 03-3264-1576（代表）
電話 03-3234-6208（編集）
http://www.takeshobo.co.jp
印刷所　中央精版印刷株式会社

定価はカバーに表示しています。
落丁・乱丁本は当社までお問い合わせ下さい。

ISBN978-4-8019-1223-6 C0176